TRICKY,
ANTISTAR SUPERSTAR

Suivi éditorial Benjamin Fogel et Erwan Desbois
Correction d'épreuves Hervé Delouche
Design couverture Lucien de Baixo
Conception graphique intérieure Camille Mansour

ISBN 979-10-96098-63-7
Diffusion Cedif / **Distribution** Pollen

35, rue Kléber, 92300 Levallois-Perret
www.playlistsociety.fr

Florine Delcourt

TRICKY, ANTISTAR SUPERSTAR

ESSAI / MUSIQUE

Playlist Society

11 INTRODUCTION
YOU TRICKY BASTARD!

19 CHAPITRE 1
ADRIAN THAWS

47 CHAPITRE 2
DU DUG OUT
À MASSIVE ATTACK

73 CHAPITRE 3
TRICKY SUPERSTAR

99 CHAPITRE 4
DE LOS ANGELES
À PARIS

117 CHAPITRE 5
L'INDÉPENDANCE

131 ÉPILOGUE
JUST LIKE TRICKY

137 DISCOGRAPHIE

141 BIBLIOGRAPHIE

Note

Toutes les citations non sourcées
proviennent d'entretiens
menés par l'autrice avec Tricky
et les membres de son entourage.

« Ma musique est triste, terriblement triste.
Elle a au moins le mérite d'être honnête.
Donc, pour moi, lumineuse. »
Tricky, 2003

« Even if I told you, you still would not know me
Tricky never does, Adrian mostly gets lonely
How we live in this existence, just being
English upbringing, background Caribbean. »
Massive Attack, « Blue Lines », 1991

INTRODUCTION

YOU TRICKY BASTARD!

Bristol, 1983. Devant le centre commercial du quartier de Knowle West, un ado attend son ami, mais personne ne se présente. Six semaines plus tard, le mystérieux garçon surgit enfin. Son camarade lui demande où il se trouvait. « Manchester » – à 300 km de Bristol –, répond le jeune homme. L'autre rétorque alors cette réponse qui claque comme un slogan : « *You tricky bastard!* » – que l'on peut traduire par « espèce de petit bâtard ». Celui à qui elle s'adresse s'appelle Adrian Thaws, 15 ans à l'époque, surnommé Tricky depuis.

Ce souvenir, le musicien le rapporte dans le *Sunday Times* du 21 juin 1998. Jusqu'à quel point l'anecdote romance les faits en y greffant fantasmes ou rumeurs ? Peu importe. Après tout, Tricky excelle dans l'art de brouiller les pistes : il fait ce qu'il veut quand il le veut. Cette attitude lui a permis de se placer soigneusement à l'écart du star-system tout en y tenant une place de choix : au fil du temps, le gosse qui plantait son pote pour partir à Manchester sur un coup de tête est devenu un ponte, un maître cité en référence par les artistes contemporains, de la musicienne FKA Twigs au Britannique Burial[1]. Beau paradoxe pour celui qui a toujours fui les formules établies, à commencer, justement, par le statut d'icône. Depuis plus de trois décennies,

1 La musique de FKA Twigs se rapproche du RnB, celle de Burial, de l'électronique.

Tricky expérimente, cherche de nouvelles formes pour produire une œuvre où l'acte créatif s'affranchit du désir de plaire, et privilégie l'audace, l'inconfort, la prise de risques. Malgré de nombreux changements d'orientation, il n'a cessé de faire paraître des albums avec la régularité d'un métronome. Sur chacun d'entre eux, il feule, susurre et sonde, de sa voix de rocaille, les plaies d'une existence mise à nu.

Noir dans un quartier blanc, poète à la dégaine de *bad boy*, antistar devenue superstar, Tricky vogue d'un monde à l'autre depuis son plus jeune âge. De fait, c'est sur ce terreau composite qu'il a su cultiver mélodiquement son chaos, sans jamais se vautrer dans la facilité, l'ostentatoire ou le crédit d'une gloire passée, puisqu'il faut l'écrire : sa musique constitue la pierre angulaire du mouvement trip-hop, qui a émergé au début des années 1990. Bien qu'il ait toujours rejeté cette appellation, Tricky a façonné, avec Massive Attack[2] dont il a été l'un des membres, cette esthétique où se mélangent toutes les musiques, du reggae au funk, du dub au punk. Avec son tempo lent et ses ambiances mélancoliques, le trip-hop a été l'expression d'une génération rongée par le spleen. Il a imposé des sonorités modernes, déconnectées des préoccupations commerciales, avec le souci, non pas d'incarner l'époque, mais d'être un bouclier contre la violence de celle-ci. Surtout, Tricky et Massive Attack ont contribué à placer Bristol sur la carte musicale du Royaume-Uni, aux côtés de Londres, Manchester, Liverpool ou Sheffield.

2 Portishead, autre formation phare du mouvement trip-hop, est affilié à Portishead, ville située à une trentaine de minutes de Bristol, qui donne son nom à la formation, et dont Geoff Barrow, cofondateur du groupe, est originaire.

Située au cœur des collines du sud-ouest de l'Angleterre, Bristol a été fondée au XIe siècle. Connue pour son architecture victorienne, ses quartiers branchés et son *street art*, la ville a vu naître l'acteur Cary Grant, ainsi que les artistes Damien Hirst et Banksy. Son industrie culturelle est reconnue dans le monde entier grâce, entre autres, aux studios d'animation Aardman, créateurs de *Wallace et Gromit*. Mais la cité portuaire porte en elle une histoire sombre. Jusqu'au XIXe siècle, le port de Bristol était la capitale britannique de la traite d'esclaves. Du Théâtre royal, construit avec les bénéfices du commerce triangulaire, jusqu'aux demeures à l'architecture géorgienne du quartier de Clifton, une grande partie de la gloire actuelle de la ville repose sur son passé sanglant. En 1807, lorsque la Grande-Bretagne abolit l'esclavage, plus de 60 % de son économie dépend de la traite négrière. Les Antillais arrivés durant les courants migratoires des années 1950 peuvent être considérés comme les descendants directs des anciens esclaves des colonies britanniques. Installés aujourd'hui dans les districts de Saint Pauls ou Easton, ils ont importé la culture des *sound systems*[3] et les ont imposés dans la culture locale. Très vite, le reggae est devenu la musique des rues, avant d'infuser le paysage musical d'une Angleterre thatchérienne étranglée par la récession. La ville offre un contraste saisissant entre les marques de l'histoire et les lieux *underground* qui témoignent d'un élan contestataire.

3 Discothèque mobile, qui, à l'origine en Jamaïque, diffusait des informations auprès des populations défavorisées.

Bristol n'est pas un endroit comme les autres. À seulement deux heures de Londres, elle cultive son ambivalence : à la fois trop proche et trop éloignée de la capitale, elle revendique son caractère multiculturel, tout en développant sa propre identité. Consciente de son héritage trouble, Bristol a généré un foisonnement artistique unique, empreint d'un esprit militant et de défiance face au pouvoir. Avec moins de 500 000 habitants, la ville a permis à des gens très différents de travailler ensemble. Au début des années 1980, le Dug Out était l'un de ces lieux où se rencontraient diverses personnes venues là pour tromper l'ennui. Dans cet endroit au plafond bas, les DJs se sont emparés des platines et les MCs, des micros, entraînant ainsi la formation de collectifs. Le plus connu, The Wild Bunch, rassemblait des musiciens et des *graffiti artists*, qui, postés devant un mur d'enceintes et de platines, partageaient des raretés trouvées chez les disquaires ou chinées dans les collections de leurs amis américains. Parmi les membres : 3D, Daddy G et Mushroom[4] – qui ont fondé quelques années plus tard Massive Attack –, le producteur Nellee Hooper et Tricky. De cet élan ont surgi *Blue Lines* (1991) et *Protection* (1994), les deux premiers albums de Massive Attack. Tricky participe à leur enregistrement, mais est relégué au second plan. Pour lui, le tournant advient en 1995, avec la sortie de *Maxinquaye*, premier album solo à l'architecture complexe et à la sensualité retorse, soutenu par la voix élégante de Martina Topley-Bird, une chanteuse que le musicien a découverte adolescente et

4 Pseudonymes de Robert Del Naja, Grant Marshall et Andrew Vowles.

qui deviendra ensuite la mère de sa fille Mina Mazy. Très vite, le disque devient l'un des étendards du trip-hop et propulse Tricky au sommet des *charts.*

Bien qu'accompagné tout au long de son parcours musical par des voix féminines – une constante qui lui permet, dit-il, de camoufler les défauts de sa voix – Tricky a tracé sa route en solitaire, en dehors des clous, loin des chemins convenus par l'industrie musicale et le cirque promotionnel associé. Les journalistes savent combien une interview avec lui peut ressembler à un terrain miné, si le courant ne passe pas. « J'ai très vite décidé que je ne voulais appartenir à aucun sous-groupe. Je voulais être un alien, un être unique, sans couleur », confie-t-il à la sortie de son premier album. Adulé et adoré, le musicien a pour fans David Bowie, U2 ou Madonna. Il se fiche cependant des louanges dithyrambiques, et poursuit sa carrière sans jamais se reposer sur ses acquis. Il change, partout, tout le temps, voyage aux quatre coins du monde, collabore avec Björk, Neneh Cherry ou PJ Harvey, apparaît dans les films *Le Cinquième Élément* de Luc Besson (1997) et *Clean* d'Olivier Assayas (2004). Pour Tricky, le confort est l'ennemi de l'éveil. Inventer, c'est se réinventer. Quitte à déplaire. Éternel curieux, il explore tous les univers musicaux sans se cantonner à un seul genre. Son œuvre oscille du trip-hop lancinant aux breakbeats hardcore, du dancehall au rap fleurant fort les bas-fonds. Tricky est un absolutiste possédé par une tension hors norme, sur scène comme sur disque, qui avance au rythme de sa propre tonalité et défie les modes sans jamais revoir ses prétentions à la baisse, ou s'accommoder de rôles à contre-emploi.

Radical et rétif, il s'est toujours fié à son instinct pour obéir à sa vocation : celle d'une vie à contre-courant, faite de refus et de résistance.

Entre péripéties romanesques et succès revêche, l'anti-carrière de Tricky est une suite d'expériences destinées à préserver la liberté que sa fureur exige. En recherche perpétuelle de nouveauté, il présente, sur chacun de ses disques, des voix originales. Son œuvre a capté le malaise d'une jeunesse qui étouffait sous l'héritage d'une ville brisée par son passé colonialiste. Son parcours a nourri l'histoire artistique de Bristol et contribue à l'identité unique, métissée et hors système de cette cité frondeuse.

CHAPITRE 1

ADRIAN THAWS

BRISTOL, VILLE RÉVOLUTIONNAIRE

Bristol se situe au cœur de sept collines, au confluent des rivières Frome et Avon. Rapidement, son port lui permet de réaliser d'importants échanges commerciaux – notamment de laine – avec l'Irlande et la France. En 1240, des travaux sont effectués pour détourner la rivière Frome et créer un canal artificiel, aujourd'hui Broad Quay, le principal quai du port jusqu'au XIXe siècle. Progressivement, Bristol s'étend par la construction de faubourgs, jusqu'à obtenir le statut de comté en 1373. Prospère et puissante, elle compte à ce moment-là 10 000 habitants, ce qui en fait l'une des villes les plus importantes d'Angleterre avec Londres, York et Norwich. Au XVe siècle vient le temps des grands aventuriers. Cinq ans après l'arrivée de Christophe Colomb aux Amériques, le navigateur italien Giovanni Caboto dit John Cabot part à son tour pour le Nouveau Monde, depuis le port de Bristol. Sous l'autorité du roi Henri VII, il organise trois voyages, financés par des marchands du Sud-Ouest anglais. Le 24 juin 1497, John Cabot découvre Terre-Neuve, au Canada actuel. Dès lors, l'empire britannique, en pleine expansion coloniale, porte son regard vers l'Amérique. Avec la situation géographique privilégiée de son port, au croisement de liaisons maritimes, Bristol devient une fenêtre ouverte sur le monde et représente, au XVIIe siècle, l'une des plateformes principales du commerce triangulaire entre l'Europe, l'Afrique, les Antilles et l'Amérique. Très vite, Bristol s'enrichit avec le trafic d'esclaves par l'intermédiaire d'un homme : Edward Colston. Né en 1636 dans une famille de marchands, il devient membre en 1680 de la Compagnie royale d'Afrique, une société londonienne qui détient le monopole du transport d'esclaves. Colston aurait vendu 100 000 personnes d'Afrique de l'Ouest dans les Caraïbes et aux Amériques. 19 000 d'entre elles, malades, auraient été jetées à l'eau durant les traversées. En 1692, le marchand quitte la Compagnie royale d'Afrique et met un terme à ses activités. Sans enfant, l'homme fait don d'une partie de sa fortune aux écoles, aux orphelinats et aux hôpitaux de Bristol, une action qui lui vaut longtemps d'être honoré comme un bienfaiteur. De 1698 à 1807, date de l'abolition de l'esclavage au Royaume-Uni, plus de 2 000 vaisseaux ont quitté les quais de la cité portuaire pour l'Afrique de l'Ouest. Leur cargaison de marchandises britanniques était échangée contre des hommes, des femmes et des enfants capturés en Afrique occidentale et centrale. Les marques de ce passé sont encore visibles dans la ville : du Bristol Old Vic, le plus vieux théâtre construit en 1766 avec les bénéfices de la traite négrière, aux cloches de l'église de Saint Mary Redcliffe, qui sonnèrent pour célébrer l'échec d'une tentative d'abolition de l'esclavage en 1791 et jusqu'au quartier huppé de Clifton, où les marchands firent construire de vastes demeures au début du XVIIIe siècle. Aujourd'hui, la ville affronte son héritage colonialiste. En juin 2020, la statue d'Edward Colston, érigée en 1895, est déboulonnée puis jetée dans l'Avon par des activistes, pour être remplacée temporairement par celle de Jen Reid, une manifestante du mouvement Black Lives Matter[5]. Les lettres qui ornaient l'auditorium portant le nom du négrier ont été enlevées[6], les écoles et les rues le célébrant, renommées. À Bristol, une partie de la population s'est toujours illustrée par sa capacité de rébellion face à l'injustice sociale. Il y a trois siècles déjà, des membres dissidents de l'Église anglicane ont été les premiers à militer pour l'abolition de l'esclavage, en fondant l'association *Religious Society of Friends*, la « Société religieuse des Amis[7] ». Dès 1780, sous l'égide de l'abolitionniste Thomas Clarkson, ils mènent des enquêtes sur les conditions de transport et les sévices subis par les esclaves durant les voyages en bateaux. Des artistes, comme la poétesse Ann Yearsley, produisent des pamphlets relayés par la presse exhortant à abroger l'esclavage. Dans l'essai *En dehors de la zone de confort, de Massive Attack à Banksy*, l'historien Edson Burton explique à la journaliste Melissa Chemam : « Les Bristoliens sont connus pour savoir aller au-delà de la culture civique, de la politesse anglaise traditionnelle. Tout ce pour quoi Bristol est connue aujourd'hui, sa contre-culture, sa musique, vient de

5 En 2021, quatre personnes ont comparu devant la Cour royale de Bristol, poursuivies pour « dommages criminels » après le déboulonnage de la statue d'Edward Colston. Elles ont été relaxées le 5 janvier 2022. Pour les soutenir, l'artiste Banksy avait dessiné un T-shirt sur lequel était inscrit le nom de la ville de Bristol au-dessus d'un piédestal nu. La statue de Colston a été repêchée, mais n'a pas été remise à sa place.

6 Le groupe Massive Attack a toujours refusé de se produire au Colston Hall.

7 Les membres de ce mouvement sont également connus sous le nom de « quakers ».

ce mouvement contre l'autorité. Les gens savent que sa richesse s'est construite sur l'esclavage. Cela a encouragé l'esprit de protestation chez ses habitants. Il ne faut pas avoir une vision trop romantique du caractère socialement mélangé de la ville, mais c'est vrai que cette histoire a renforcé les valeurs humaines. [...] Bristol a ainsi développé sa culture DIY, *Do It Yourself*, venue du punk, faite de défiance par rapport au pouvoir, de fragmentation et de l'importance donnée à un esprit *outsider*, hors des sentiers battus. »

Depuis toujours, Bristol distille une poésie rebelle sur fond de lutte sociale. Le chercheur en histoire James Watts rappelle, sur le site de la BBC : « La ville a toujours repoussé les récits établis. Protester est une donnée profondément ancrée dans sa généalogie. » De l'émeute du pont de Bristol de 1793, contre les péages locaux, aux *Old Market riots*, en 1932, en réaction à la baisse de 10 % des allocations chômage par le gouvernement, les citoyens ont toujours été prêts à s'exprimer et à faire valoir leur point de vue. Nouvelle démonstration le 2 avril 1980, quand la police, à la recherche de drogues, effectue un raid au *Black and White Café*, au cœur de Saint Pauls. Aussitôt, un attroupement se forme près de ce lieu fréquenté par la jeunesse afro-caribéenne. Au cours des années Thatcher, les jeunes de cette enclave antillaise étaient sans cesse harcelés par la police qui se référait à un article du très archaïque *Vagrancy Act* de 1824 pour interpeller, fouiller et arrêter tout individu suspecté d'avoir l'intention de commettre un délit. Mais la descente au *Black and White Café* est celle de trop. À l'instant où les policiers embarquent les suspects, les témoins, noirs comme blancs, leur jettent des bouteilles et des briques. La police réplique à coups de matraques. Des heures durant, les forces de l'ordre et la population s'affrontent, sur fond de bavures et de racisme. 134 personnes sont arrêtées : 88 Noirs et 46 Blancs[8].

À la fin de la Seconde Guerre mondiale, le Royaume-Uni, vainqueur, n'en sort pourtant pas indemne. Les pertes sont considérables : plus de 450 000 hommes sont morts au combat, tandis que les bombardements des forces de l'Axe ont détruit de nombreuses villes et infrastructures. Comme le manque de main-d'œuvre est massif, le gouvernement lance un appel pour participer à l'effort de reconstruction. Des hommes venus des Caraïbes appartenant au Commonwealth affluent, les mariages mixtes se répandent, les cultures antillaise et britannique s'entremêlent. C'est ce que l'on nomme aujourd'hui la « génération Windrush », en référence au navire « Empire Windrush » arrivé le 22 juin 1948 au port de Tilbury, près de Londres. À son bord se trouvent 492 immigrés originaires de la Jamaïque et de Trinidad-et-Tobago qui avaient embarqué après l'adoption du *British Nationality Act*, la loi conférant la nationalité britannique à l'ensemble des citoyens de l'empire. Entre 1948 et 1973[9], quelque 550 000 habitants des Antilles britanniques, dont Hector Thaws, le grand-père paternel de Tricky, arrivent

8 À cette époque, la Grande-Bretagne se trouve en proie aux émeutes urbaines. Des arrestations perçues comme discriminatoires poussent la jeunesse à se révolter pour exprimer son ressentiment. Après Bristol, la colère se propage en 1981 dans le sud de Londres, à Brixton. En 1979, le groupe The Clash mesurait déjà la montée des tensions entre la jeunesse et la police dans un pays toujours plus conservateur, avec le titre « The Guns of Brixton ».

9 Date de l'entrée en vigueur de l'*Immigration Act*.

en Grande-Bretagne. Mais l'arrivée de migrants des Caraïbes et d'autres colonies provoque des réactions de rejet dans le pays, culminant dans des violences racistes à Londres, Birmingham ou Nottingham à partir de 1958. Des groupes s'organisent en conséquence pour défendre leurs droits, comme la Gloucestershire West Indian Association, créée en 1962, ou les British Black Panthers, mouvement fondé en 1968 par des immigrés afro-caribéens dont le poète Linton Kwesi Johnson[10]. Si la culture antillaise se développe à Bristol à cette période, de fortes inégalités en matière d'accès au logement et à certains emplois demeurent latentes. Le 30 avril 1963, quand la société de transports omnibus de la ville refuse de recruter la main-d'œuvre noire ou asiatique, un vif sentiment d'injustice sociale s'empare d'une partie de la population. Commence alors l'une des premières mobilisations de masse pour lutter contre le racisme au Royaume-Uni. Sous l'impulsion de Paul Stephenson[11], un travailleur social, les associations étudiantes et les habitants se mobilisent pour entreprendre le boycott de la compagnie de bus. Quatre mois après le début du mouvement, le 28 août 1963[12], l'entreprise déclare mettre fin aux discriminations et embauche le 17 septembre de la même

10 Ses textes, parmi lesquels « Sonny's Lettah (Anti-Sus Poem) », abordent les thèmes de l'oppression policière, des conditions de vie et de l'expérience d'être noir en Grande-Bretagne.

11 Voir la biographie *Memoirs of a Black Englishman* de Paul Stephenson, publiée chez Tangent Books.

12 Le 28 août 1963 est également le jour où Martin Luther King a prononcé son discours « I Have a Dream », devant 250 000 personnes, à Washington.

année Raghbir Singh, un homme d'origine indienne. Le « Bus Boycott » de Bristol entraîne, en 1968, la rédaction du *Race Relations Act*, une loi rendant illégal le fait d'interdire à une personne un logement, un emploi ou des services publics en raison de sa couleur de peau, de sa race, de son ethnicité ou de sa région d'origine.

Autre caractéristique de Bristol : la conscience sociale, éthique et écologique. Ici, l'heure n'est plus aux profits et à l'omnipotence des marchés financiers. D'autres valeurs prévalent dans la cité : l'entraide, la créativité, l'indépendance. En 2011, 300 personnes sont entrées en résistance lorsque la police a tenté d'expulser un squat pour permettre l'implantation d'un supermarché de la chaîne Tesco, à Stokes Croft, quartier où se trouvent de nombreux commerces non franchisés. Kerry McCarthy, députée travailliste de la circonscription de Bristol-est, explique au *Guardian* : « C'était une protestation anti-establishment contre le capitalisme et les entreprises[13]. » Un esprit indocile qui se traduit également dans les urnes : le 23 juin 2016, alors que 51,89 % des électeurs britanniques votent en faveur du retrait de leur pays de l'Union européenne, Bristol se démarque et se prononce à 61,7 % en faveur d'un maintien, privilégiant l'ouverture sur le monde au repli nationaliste. Il s'agit du score le plus élevé parmi les dix plus grandes villes d'Angleterre, capitale comprise. Le sociologue bristolien David Goldblatt remarque, toujours dans le *Guardian*[14] :

13 Owen Bowcott, « Bristol riot over new Tesco store leaves eight police officers injured », *The Guardian*, 2011.

14 *Ibid.*

« Banksy et Massive Attack ne sont pas sortis de nulle part – ce n'est pas un hasard s'ils viennent de Bristol. » L'œuvre de Banksy *The Mild Mild West,* visible à Stokes Croft, en témoigne. Cette peinture murale, réalisée en 1999, représente trois policiers affrontant un ours en peluche armé d'un cocktail Molotov. Elle atteste de l'esprit de résistance assez unique en Europe qui existe dans cette cité du sud-ouest de l'Angleterre, et avec encore plus d'acuité dans le milieu des contre-cultures. Les enfants issus de la deuxième génération d'immigrés, arrivés après la guerre, comme Tricky, ont grandi baignés dans cette impulsion rebelle, cet altruisme et ce multiculturalisme. Des influences qui ont peu à peu infusé dans la scène *underground*, au cours de soirées clandestines dans une ville qui compte vingt fois moins d'habitants que Londres.

DES QUARTIERS BLANCS AUX QUARTIERS NOIRS

Adrian Nicholas Matthews Thaws naît le 27 janvier 1968 à Knowle West, quartier pauvre de Bristol, d'un père jamaïcain, Roy Thaws, et d'une mère afro-britannique, Maxine Quaye. Il a quatre ans lorsque celle-ci se suicide. Dans les années 1970, les familles veillent les défunts à domicile, durant plusieurs jours. La nuit tombée, il se rend dans la pièce où repose le corps, s'assoit et le regarde. Depuis, le fantôme de sa mère le hante : en 1995, il nomme son premier album *Maxinquaye* pour lui rendre hommage et voir son nom partout lorsqu'il se rend chez le disquaire. Deux ans plus tard, Mark Kidel réalise le documentaire consacré au musicien, *Naked and Famous*, et se rend dans sa famille. Devant les caméras, Marlow, la tante de Tricky, lit un texte de Maxine. Ce jour-là, il découvre que sa mère était poète et réalise, à cet instant, qu'il écrit à travers elle : « Ma mère écrivait des choses assez sombres sur la solitude, la souffrance. Inconsciemment, j'ai dû poursuivre son travail. On pense souvent que je chante ma douleur personnelle ou que je suis une sorte de Kurt Cobain. Mais en vérité, je parle de ma mère, de sa mort et de son absence. Dans les années 1960, il n'y avait pas de place pour une poète métisse à Knowle West. »

Situé dans le sud de Bristol, Knowle West constitue, selon les termes de Tricky, un « ghetto blanc ». En 2016, 95,2 % de sa population était blanche. Le quartier, qui s'étend sur 3,3 km^2 et compte aujourd'hui 12 000 habitants, fut construit dans les années 1930 pour reloger les familles expulsées des bidonvilles du centre urbain. Les arrière-grands-parents maternels de Tricky s'installent ici, au 13 Padstow Road, avec leurs six enfants. D'origine jamaïcaine, Margaret Lawrence, son arrière-grand-mère métisse, s'est mariée à un Britannique, Farmer Godfrey, marchand de chevaux issu d'une famille blanche. Ils sont l'un des premiers couples mixtes de Knowle West et subissent les regards critiques de leurs voisins. Ici, la vie n'est pas tendre. Durant la Seconde Guerre mondiale, la violence domine. Martin Godfrey, leur fils et grand-oncle de Tricky, en fait les frais : à l'âge de 10 ans, des enfants lui jettent des pierres, il se réveillera avec un œil en moins. Dans les années 1960, Knowle West change. La ville de Bristol imagine un plan de rénovation du territoire, sur le modèle de Radburn[15] qui vise à abolir les disparités spatiales. Malheureusement, celui-ci n'atteint que partiellement ses objectifs initiaux et, malgré les infrastructures socioculturelles, le projet d'urbanisation recrée bel et bien les conditions d'un ghetto : les maisons sont à nouveau regroupées en bloc homogène et les habitants, repliés sur eux-mêmes. Dans les années 1980, la fermeture de l'usine de tabac qui employait 5 000 personnes et l'accès difficile aux transports en commun ont des conséquences dévastatrices sur la paupérisation de la population.

Maxine Quaye, la mère de Tricky, grandit au sein de ce *council estate*[16]. Fille de Violet Godfrey et d'un militaire dont on sait peu de choses, si ce n'est qu'il s'agirait d'un soldat américain originaire du Ghana, elle rencontre Roy Thaws lors d'une soirée à Saint Pauls, enclave antillaise de Bristol. Arrivé de Jamaïque en 1962, à l'âge de 19 ans, il est déjà père de deux enfants et travaille dans une boulangerie de Kingswood, au nord-est de la ville. Lorsqu'il voit la jeune femme, c'est le coup de foudre. De cette union naissent Adrian et sa petite sœur, Leanna. Mais Maxine souffre d'épilepsie. Ses crises se multiplient et s'occuper de deux enfants en bas âge devient difficile :

15 Radburn, New Jersey. Ville-modèle sur laquelle s'appuient les architectes Clarence Stein et Henry Wright pour présenter, au début des années 1920, un projet qui repense l'expansion des banlieues américaines. L'objectif doit répondre au principe suivant lequel un enfant peut marcher jusqu'à son école sans avoir à traverser une rue. Ils proposent, en conséquence, une séparation complète de la circulation des automobiles et de celle des piétons où seules des voies en impasse structurent l'espace.

16 Le terme, qui désigne des logements sociaux, est spécifique au modèle anglais.

le petit garçon part alors vivre chez sa grand-mère, tandis que la fillette reste chez ses parents. Un soir, Roy rentre du travail et trouve Maxine allongée par terre, des médicaments à ses côtés et Leanna, 2 ans, blottie contre elle. Il s'agit d'un suicide[17]. Non loin du corps sans vie, se trouve une lettre sur laquelle on peut lire: « Roy n'y est pour rien. » Hélas, ces mots ne changeront pas l'aversion qu'éprouve la famille de Maxine envers Roy. Menacé de mort par l'oncle de la jeune femme, il disparaît. Après la mort de Maxine, la famille maternelle d'Adrian se relaie pour l'élever: il vit tour à tour chez sa tante, son arrière-grand-mère, puis sa grand-mère, Violet. C'est elle qui lui fait découvrir Billie Holiday, lui apprend à voler au lieu de l'envoyer à l'école, et le laisse regarder des films d'horreur. Si d'aventure, elle le voit se battre, elle le félicite. À 10 ans, son oncle lui offre son premier pistolet arguant qu'avec, il obtiendra tout ce qu'il veut; à 15, sa tante l'inscrit dans une salle de boxe puisque chez lui, tout le monde se bat: sa grand-tante faisait des combats de rue et sa mère avait aussi appris à se défendre. Tricky grandit entouré de gangsters. Pas du genre petits voyous, non, plutôt parrains du grand banditisme. En 1999, il produit même, avec le musicien Gareth Bowen, *Product Of The Environment*, un album dans lequel des criminels, dont certains membres de son entourage, relatent les méfaits qu'ils ont commis. Parmi eux, Tony Guest, l'oncle de Tricky qui raconte une bagarre qui a mal tourné aux portes d'un club de Manchester et qui l'a conduit à

17 Tricky en parlera dans ses chansons, notamment « Boy », en 2014: « No time to grow, 'cause my mother go to the other side, she chose suicide » (« Pas le temps de grandir, car ma mère est partie de l'autre côté, elle s'est suicidée »).

l'hôpital. Quand le disque sort, le musicien quitte l'Angleterre. Il est recherché par la police qui l'accuse de faire l'apologie du crime organisé. Une charge qu'il récuse : il voulait simplement, assure-t-il, relater le quotidien de ces caïds, loin du fantasme glamour auquel il est souvent associé.

Tontons flingueurs, mamie relax et enfance biberonnée à la baston : Tricky grandit dans ce contexte entre violence et allégresse. Il fréquente la Connaught Road Junior School[18], traîne sur le terrain de foot du coin et confie avoir eu une enfance heureuse : « J'ai la chance d'avoir une grande famille. Je me considère comme un enfant de Knowle West, non de Bristol. J'ai grandi dans la joie. Un jour, une assistante sociale m'a dit que j'avais eu une enfance instable, car j'avais perdu ma mère lorsque j'étais petit et que mon père n'était pas présent. Mais tout semblait normal pour moi. » Un père absent que le garçon finit par retrouver. À l'âge de 12 ans, il trouve le répertoire de sa tante, regarde les numéros de téléphone et tombe sur celui de Roy. Il l'appelle, reprend contact et lui rend parfois visite, à Saint Pauls où il a déménagé. Tricky oscille, ainsi, du sud au nord de la ville, d'un quartier blanc à un quartier noir. Dans son enfance, il est marqué par le remake de *The Jazz Singer*, réalisé par Richard Fleischer en 1980, avec le chanteur Neil Diamond dans le rôle principal. Le film raconte l'histoire de Yussel, un homme blanc, qui chante le jour dans une synagogue, et se grime la nuit en noir pour se produire dans les boîtes de jazz de Harlem. Petit, il lit peu. Seul *Rikki-Tikki-Tavi,* un épisode du *Livre de la*

18 Renommée Oasis Academy Connaught depuis.

jungle de Rudyard Kipling relatant les exploits d'une mangouste courageuse, le marque. Pourtant, son amour des lettres semble inné. À 5 ans, il passe des journées entières assis sur le sol en béton de son arrière-grand-mère pour écrire des poèmes. Au fil des ans, il affine son goût pour les mots, notamment grâce au hip-hop. Si les premiers albums que le futur musicien achète sont ceux de UTFO et Public Enemy[19], le groupe qui change sa vie s'appelle The Specials.

UNE INFLUENCE SPÉCIALE

Fondé à Coventry, foyer industriel de la région des Midlands de l'Ouest, par le claviériste Jerry Dammers, le groupe The Specials se compose, entre autres, des chanteurs Terry Hall et Neville Staple, du guitariste Lynval Golding et du bassiste Horace Panter. Avec un front de scène métissé, des paroles militantes et des influences héritées du reggae, du rock et du jazz, leur musique retranscrit les aspirations d'une jeunesse minée par un déclin économique que les gouvernements successifs ne parviennent pas à endiguer. Depuis le choc pétrolier de 1973, le Royaume-Uni s'enlise dans une crise sans précédent.

19 Deux groupes de hip-hop formés à New York dans les années 1980. UTFO est connu pour le single « Roxanne, Roxanne », sorti en 1984, à l'origine des « Roxanne Wars », premier clash de l'histoire du rap. Le groupe Public Enemy est l'auteur de « Fight the Power », considérée comme l'une des chansons les plus populaires et influentes de l'histoire du hip-hop.

Terminé le rêve enchanté des *Swinging Sixties*[20] : les industries souffrent d'un cruel manque d'investissement et finissent par s'effondrer, laissant des régions entières sinistrées. Le chômage atteint des chiffres record, jamais vus depuis la guerre. À mesure que le pays plonge dans la récession, le Parti conservateur de Margaret Thatcher se radicalise. Le punk émerge dans ce contexte, entre désenchantement et désarroi. Mouvement contestataire, il rassemble, pour citer le journaliste Jon Savage, « des parias de toutes les classes sociales » qui hurlent leur rejet des valeurs établies. Surtout, il fait émerger de nouveaux courants, tout en réactivant les anciens. Le sociologue Dick Hebdige rappelle, dans *Sous-culture, le sens du style*[21], que « certaines caractéristiques du punk étaient directement empruntées aux styles *rude boy*[22] et rasta ». Des groupes comme les Clash intègrent des morceaux reggae dans leur répertoire, tandis que les Specials se réapproprient le ska, un genre élaboré en Jamaïque à l'orée des années 1960 par des pionniers comme Prince Buster ou les Skatalites. En greffant une sensibilité punk à la mélodicité de la pop, ils trouvent la formule originale

20 Expression qui désigne la vitalité culturelle de Londres devenue, dans les années 1960, une capitale mondiale de la culture pop et de la mode.

21 Dick Hebdige, *Sous-culture, le sens du style*, traduction Marc Saint-Upéry, éditions Zones, 2008.

22 Selon le *Dictionary of Caribbean English Usage*, le terme *rude boy*, apparu au début des années 1960 en Jamaïque, désigne les jeunes voyous du ghetto. Le mot s'exporte en Grande-Bretagne pour qualifier, plus généralement, les personnes issues de la communauté jamaïcaine qui s'intéressent au ska. Ils sont reconnaissables à leur style vestimentaire : costume cintré, pantalon court, chaussettes blanches, chaussures vernies, lunettes noires arrondies couvrant le visage jusqu'aux tempes, petit chapeau étroit de type *pork pie*.

qui popularise ce son dans le monde entier : le mouvement Two Tone est né. Le nom se réfère, d'une part, au look vestimentaire des *rude boys* fondé sur l'alliance de deux tons vifs et correspond, d'autre part, au rythme syncopé du ska caractérisé par le temps / contre-temps. Toute l'identité du mouvement Two Tone se fonde sur la volonté de promouvoir une forme de fraternité sociale et raciale[23]. Dès leurs débuts, The Specials sont repérés par le manager des Clash, Bernie Rhodes, qui les recrute pour assurer la première partie du groupe de Joe Strummer sur leur tournée anglaise. Le 12 juin 1981, ils sortent « Ghost Town » et précipitent l'Angleterre dans un trip où la vie se colore en noir et blanc. Le titre se hisse rapidement en tête des classements. Qualifiée de « single de l'année » à sa sortie par la presse musicale – *Melody Maker*, *NME* et *Sounds* en tête –, la chanson cristallise l'air du temps, en faisant écho à la situation d'une nation hantée par la misère et la violence. Dans son autobiographie, *The Specials, Rudie pour la vie*[24], le bassiste Horace Panter commente : « La jeunesse anglaise n'en pouvait plus. Des Blancs, des Jaunes, des Noirs, tous protestaient contre ce gouvernement qui les avait abandonnés. Chômage, flicage, racisme, tout cela ressemblait à ce morceau enregistré en huit pistes à Leamington. Flippant. Jamais un morceau n'a

23 Voir la chanson « It's Up to You » des Specials : « It's up to you, up to you, black / It's up to you, up to you, white / It's up to you, up to you, unite / It's up to you, up to you, or fight » (« C'est à toi, à toi, Noir / C'est à toi, à toi, Blanc / C'est à vous, à vous de vous unir / C'est à vous, à vous ou de vous battre »).

24 Horace Panter, *The Specials, Rudie pour la vie*, Bertrand Lamargelle (trad.), Éditions Camion Blanc, 2010.

mieux saisi que "Ghost Town" l'ambiance du moment. Jamais. » Quand Tricky découvre le groupe, il a 11 ans : « Lorsque j'ai vu The Specials à la télévision, j'ai eu un choc, je voulais faire partie de ce groupe. Je comprenais tout ce dont ils parlaient : les cités, les clubs… Ils avaient vécu de vraies choses. Aujourd'hui, tout le monde fait semblant, tout le monde se donne un genre, tout le monde veut être *street*. Un mec comme Terry Hall, lui, l'était vraiment. Il écrivait sur des choses qu'il connaissait réellement. »

La rencontre entre Tricky et Terry Hall[25] s'impose comme une évidence. Leurs points communs sont multiples : outre une passion commune pour Public Enemy et le fait d'avoir quitté l'école prématurément, tous deux viennent d'une ville moyenne, sans réelles perspectives, l'un Noir dans un quartier blanc et l'autre Blanc dans un quartier noir. Né en 1959 d'une mère ouvrière et d'un père braconnier, Terry Hall grandit dans un environnement où se croisent, entre autres, les communautés indienne, pakistanaise et caribéenne qui viennent d'obtenir la nationalité britannique à la faveur d'une loi de 1948 garantissant à tous les habitants des pays du Commonwealth le statut de « citoyen du Royaume-Uni ». « Dans mon école, il devait y avoir 70 % de Noirs pour 30 % de Blancs. Nous étions potes, sans problème de couleur », déclare-t-il dans *Le Monde*[26]. Durant l'adolescence, les disques de David Bowie lui font comprendre que, pour ne pas périr d'ennui, il faut s'inventer

25 Terry Hall est décédé le 18 décembre 2022.

26 Stéphane Davet, « Terry Hall : "The Specials sert à exprimer nos opinions" », *Le Monde*, 2019.

un destin hors norme : « Je viens d'une famille gitane. Tout le monde chantait dans les pubs, que ça vous plaise ou non. Mais moi, je ne voulais pas être ce genre d'artiste. Quand j'avais 16 ans, j'ai découvert *Young Americans* de David Bowie, cet album m'a offert un son, une vision et une façon de me tenir. » Après le succès de « Ghost Town », Terry Hall claque la porte des Specials puis serpente de groupe en groupe : Fun Boy Three, The Colourfield ou encore Vegas, fondé avec Dave Stewart, moitié du duo Eurythmics. Au milieu des années 1990, il lit dans la presse que Tricky a été influencé par les Specials. Cela tombe bien, l'écoute de *Maxinquaye* lui a fait forte impression. Les deux artistes se rencontrent par l'intermédiaire d'une connaissance commune. « C'est comme si je retrouvais un membre de ma famille que je n'avais pas vu depuis longtemps, comme si je le connaissais depuis toujours », dira Tricky qui, déjà, en 1994, citait une phrase des Specials, dans le titre « Eurochild » de Massive Attack, sur l'album *Protection* : « I walk in a bar and immediately I sense danger / You look at me girl as if I was some kind of a total stranger[27]. » Plus tard, Terry Hall l'invite à Londres pour interpréter « Ghost Town », sur la scène du Shepherd's Bush Empire. En retour, Tricky lui propose de faire les chœurs de « Slick 66 », la reprise de « Children's Story » de Slick Rick[28] et face B de l'EP *Pumpkin*.

27 « J'entre dans un bar et je sens immédiatement le danger / Tu me regardes comme si j'étais une sorte de complet étranger. » Paroles présentes sur la chanson des Specials, « Blank Expression », sortie en 1978.

28 Producteur anglais né à Londres en 1965, surnommé « meilleur conteur du hip-hop ».

Leur collaboration atteint son apogée sur *Nearly God* (1996), le second album de Tricky, où Terry Hall signe les paroles de deux chansons : « Bubbles » et « Poems ». La première évoque la fugacité de l'existence ; la seconde, écrite au moment du divorce de l'ex-chanteur des Specials, relate les fausses promesses et les engagements parfois difficiles à tenir.

PRISON ET VAGABONDAGE

L'un des professeurs de Tricky lui a conseillé de ne jamais mentionner qu'il vient de Knowle West lorsqu'il devra chercher un job, sous peine d'être discriminé. Une phrase, assure-t-il, qui lui a servi toute la vie, tout comme l'intuition que son salut ne viendra ni d'un travail sans intérêt ni des gangs : « J'ai grandi dans un quartier de gangsters, explique-t-il au *Figaro*[29]. J'ai une certaine rudesse en moi, mais je n'ai pas du tout un tempérament de caïd. »

Un matin de 1984, chez sa grand-mère, Tricky trouve sur la table une page d'annonces de chambres à louer. Ce papier, il en est certain, a été posé par le compagnon de son aïeule, un homme qu'il déteste et qui le frappe, pour lui faire comprendre qu'il est temps de quitter le domicile familial. Âgé de 16 ans, le garçon se débrouille comme il peut : il vend de l'herbe, vole à l'étalage et, parfois, cambriole des maisons dans les quartiers riches avec ses amis Nick et Whitley. Son adolescence défile

29 Benoît Duteurtre, « Tricky ou l'inconfort moderne », *Le Figaro*, 1998.

au rythme des larcins, qui le conduiront en prison pour trafic de faux billets. Dans sa cellule, il bâille d'ennui, exaspéré d'entendre les détenus dénoncer la fatalité, qui serait la seule responsable de leur condition. À cela s'ajoutent la nourriture qu'il trouve infâme, et un moment traumatisant où un gardien refuse de lui donner sa Ventoline lors d'une crise d'asthme. C'est le déclic : plus jamais il ne remettra les pieds en prison. Cette incarcération éphémère lui apparaît comme un épisode salutaire, similaire à un rite initiatique. « Quand je suis sorti, je me sentais bien, dit-il dans son autobiographie *Hell Is Around the Corner*. C'était quelque chose qui devait arriver. Lorsque je suis revenu à Knowle West, je me disais : "Eh ouais, je suis allé en taule." Je me souviens que ma cousine m'a demandé : "Comment c'était ?" J'ai répondu : "Tranquille !" Et là, elle m'a dit : "Non, je suis certaine que ça ne l'était pas, tu y es allé parce que tu devais y passer." Là-bas, j'ai compris que cette vie de gangster n'était pas faite pour moi. Je ne dis pas que je n'ai jamais eu d'autres problèmes après ça, mais lorsque je n'avais pas d'argent, je trouvais un job au lieu de voler ou de faire des trucs craignos. » Sans loyer et sans charges à payer, le jeune homme s'initie à un mode de vie alternatif qui lui offre la liberté de travailler seulement lorsqu'il le souhaite. Les petits boulots qu'il exerce lui permettent de s'acheter ce qui lui paraît essentiel : de l'herbe, des disques, quelques verres au bar et des buckets de poulet chez Slix[30].

30 Fast-food ouvert tard la nuit, situé au 89-91 sur Stokes Croft, épicentre de la nuit bristolienne. Fondé il y a quarante ans, le restaurant, toujours en activité, est connu pour assouvir la faim des noctambules.

Quand Tricky sort de prison, nous sommes au milieu des années 1980. La musique ne se streame pas et les nouveautés se découvrent dans les clubs ou les *sound systems*. Un jour, Tricky tombe dans les rues de Bristol sur le Saxon Studio International, un *sound system* créé en 1976 à Lewisham, dans le sud de Londres. C'est la révélation. Lors de ces fêtes, des cassettes se transmettent de main en main. L'adolescent les écoute soigneusement et s'initie aux rythmes jamaïcains du dancehall et au hip-hop, qui en est à ses débuts. À la même époque, il découvre le clip de « Buffalo Gals » de Malcolm McLaren[31], créateur de mode et ancien manager des Sex Pistols. La chorégraphie, inspirée par le breakdance, et les fillettes en robe qui portent une ligne de maquillage noir sur les yeux et le visage le fascinent[32]. Pour leur ressembler, il porte, à son tour, des robes lorsqu'il se rend en soirée. « Un type en robe et rouge à lèvres qui ne sourit pas est beaucoup plus angoissant qu'un mec balèze armé comme Rambo », assure-t-il dans *Le Figaro*[33].

Tricky vagabonde de clubs en *sound systems*. Il voyage à Londres, Birmingham ou Manchester, à la recherche de nouveaux sons. Les filles l'intéressent, mais moins que la musique. À Bristol, le garçon fréquente les « *shebeens*[34] », les *blues*

31 En plus de ses nombreuses activités, Malcolm McLaren a publié un album, *Duck Rock*, en 1983.

32 Dans le clip de « Hell Is Round the Corner », le maquillage noir sur les yeux de Martina Topley-Bird et Tricky est une référence au clip de « Buffalo Gals ».

33 Benoît Duteurtre, *op. cit.*

34 Un bar où des boissons alcoolisées sont vendues sans licence.

parties[35] et les rades clandestins. Il zone au Moon Club ou au Tropic Club, des boîtes du quartier de Saint Pauls. Les boîtes du centre de la ville ? Pas vraiment sa came : trop branchées et trop propres. Seul le Rockpile trouve grâce à ses yeux. Un endroit dans lequel il se rend moins pour la musique que pour boire un dernier verre avec ses amis. Ce club de trois étages, situé près de la gare centrale, est fréquenté à la fois par les Hells Angels et les jeunes de Knowle West. L'ambiance y est tellement rude que le vigile possède une arme. La nuit, Tricky dort dans des squats, rencontre des gens du monde entier, réalise qu'il est possible de voyager dans des pays dont il soupçonne à peine l'existence ; une idée inconcevable pour un gamin issu d'une classe sociale où prendre l'avion est un luxe inaccessible.

UN ENFANT DES MOUVEMENTS CONTESTATAIRES : HIP-HOP ET *SOUND SYSTEMS*

À force de rencontres, il en fait une déterminante : Mike, surnommé Balkie, qui possède un *sound system* qu'il a fabriqué et installé dans sa BMW verte. Un peu plus âgé que Tricky, il le prend sous son aile et joue le rôle de guide. Ensemble, ils parcourent la ville, sono à fond, en fumant des joints. Balkie lui parle des musiciens à l'origine du hip-hop, qui fait sensation dans les quartiers populaires de New York. Le mouvement naît

35 Il s'agissait de soirées illégales, organisées dans une maison, un sous-sol… Ces fêtes représentaient un refuge, face au racisme ambiant, pour la communauté antillaise.

dans le Bronx, au début des années 1970, sur fond de chômage, de racisme et de guerre des gangs. En réaction à la violence ambiante, Clive Campbell, connu sous le nom de DJ Kool Herc, diffuse dans la rue des disques et importe les *sound systems* de son île natale, la Jamaïque. En branchant sa sono sur les lampadaires d'une rue située en face du 1520 Sedgwick Avenue[36], il écrit les premières lignes d'une nouvelle page de la musique. À partir de boucles rythmiques extraites de vinyles disco ou funk, il superpose des sons préexistants, puis les répète sur deux platines différentes, afin que les danseurs restent plus longtemps sur la piste. DJ Kool Herc crée ainsi une nouvelle musique sur laquelle des *masters of ceremony* (MC) posent des mots qui évoquent la réalité de la jeunesse des ghettos. « J'ai juste adapté mon expérience jamaïcaine à New York en remplaçant le reggae par le funk », explique-t-il dans *Télérama*[37]. « C'était la musique de la rue et les gens adoraient ça. Mais personne n'en voulait dans les clubs. » Plus qu'une musique, le hip-hop devient le vecteur d'un discours politique, énoncé par des jeunes déshérités en lutte contre la marginalisation. Le mouvement fédère aussi autour de lui les *graffiti artists* et les danseurs de breakdance, les *B-Boys*. Au tournant des années 1980, les premiers morceaux de rap sont enregistrés et s'exportent en Europe. Grâce à Balkie, aux clubs, et à l'arrivée des albums hip-hop en Angleterre, Tricky découvre des rappeurs qu'il désigne aujourd'hui comme

36 L'adresse est officiellement considérée comme lieu de naissance officiel du hip-hop par la ville de New York.

37 Gilbert Pytel, « Le sound system, cet obscur objet de culte », *Télérama*, 2013.

ses « Shakespeare » : Chuck D[38], Slick Rick et Rakim[39]. Pour lui, « leurs textes ressemblent à des films. Avec eux, il suffit de fumer, fermer les yeux et laisser l'imagination aller. »

Souvent, les souvenirs se dissipent lorsqu'ils ne semblent avoir aucun rapport avec le présent. Puis un jour, ils jaillissent d'un passé lointain, étincelants, pour prendre un nouveau sens. Tricky en a fait l'expérience. En rentrant de soirée, il croise fréquemment Hector Thaws, son grand-père paternel, qui cuisine des plats jamaïcains dans la rue, avec la musique des *sound systems* en fond sonore. Le jeune homme réalise que son aïeul a lui aussi pris part à la culture des *sound systems*, dont il a même été l'un des principaux acteurs puisqu'il a fondé l'un des premiers *sound systems* de Bristol. Arrivé de Jamaïque dans les années 1960, Hector Thaws est l'un des premiers *selectors* de la ville, le nom donné aux DJs du reggae. Son *sound system* se nomme « Tarzan the High Priest[40] ». De la Jamaïque, le grand-père de Tricky garde des contacts qui lui envoient les dernières perles de ska, rocksteady et reggae. À l'avant-garde, il diffuse les premiers disques de Bob Marley avant même que ceux-ci ne soient commercialisés en Angleterre. Avec ses fils Rupert et Roy, Hector Thaws traverse l'Angleterre pour faire vibrer l'âme

38 Chuck D est l'un des cofondateurs du groupe Public Enemy avec Flavor Flav. En 1988, ils sortent *It Takes a Nation to Hold Us Back*, sur lequel on trouve le titre « Black Steel in the Hour of Chaos » que Tricky reprendra, en 1995, sous le nom « Black Steel ».

39 Rakim, moitié du duo Eric B. & Rakim, est un producteur de New York, auteur, notamment, de l'album *Paid in Full* (1987).

40 En français : « Tarzan le grand prêtre ». Le *sound system*, dont le nom devient en 1974 « Studio 17 », perdure jusqu'en 1984.

des Caraïbes. À Bristol, il organise des soirées au *Bamboo Club*, situé dans le sud du quartier de Saint Pauls. Ouverte en 1966, cette boîte de nuit a accueilli Bob Marley et les Wailers, ainsi que Ben E King, l'auteur du standard de rhythm and blues « Stand by Me ». Les Sex Pistols devaient s'y produire, mais un incendie a contraint le lieu à fermer ses portes en 1977. Avant ce drame, le club n'était pas seulement un endroit qui battait au rythme des sons *roots*, il a aussi permis à une population victime de la ségrégation sociale et raciale de se retrouver. Des lieux comme le Trinity et le Malcolm X Centre – tous deux toujours en activité – se sont associés à cet élan communautaire et ont ouvert leurs portes à d'autres *sound systems*, comme Jah Lokko, Enterprise Imperial Hi Fi, Sir Bastian et Froggy's Excalibur. Durant cette période, la question de l'immigration agitait plus que jamais les débats politiques, puisque le gouvernement adoptait une série de lois pour réduire les flux migratoires, dont l'*Immigration Act*, voté en 1971 et entré en vigueur deux ans plus tard. Les citoyens des États du Commonwealth arrivés sur le sol britannique avant cette date obtenaient le droit de rester. En revanche, les autres ne pouvaient s'installer au Royaume-Uni que sous réserve d'avoir un permis de travail et la preuve que l'un de leurs parents ou grands-parents était né dans le pays[41]. « Dans les années 1970, Bristol était une ville divisée par

41 La violence de l'*Immigration Act* trouve sa genèse dans le discours prononcé le 20 avril 1968 par Enoch Powell, membre du Parti conservateur. Il s'en prend à l'immigration de masse et met en garde contre d'éventuels « fleuves de sang » (référence à un texte de Virgile dans *L'Énéide*) si l'Angleterre ne parvient pas à stopper le flux migratoire. Ce texte reste aujourd'hui l'un des plus célèbres de l'histoire politique britannique, régulièrement repris par les partisans de l'extrême droite.

quartier, par classe. Les gens n'aiment pas en parler, pourtant, c'était le cas », rappelle, dans *Huck Magazine*, Richard King[42], spécialiste de la musique britannique qui a travaillé chez Revolver, le disquaire mythique de la ville. À un moment où Bristol connaissait la discrimination, mais aussi la récession comme tout le royaume, la musique était l'instrument privilégié de la contestation et le *sound system*, le haut-parleur des « sans voix ». Machine à diffuser du son, cette table de mixage à deux platines possède aussi une dimension sociale grâce aux interventions de chanteurs, les *toasters*, déclamant des textes revendicatifs à la manière des animateurs radio. Pour le musicien Jah Shaka[43], « le *sound system* est un produit de la dure vie que les Noirs devaient affronter pendant les années 1970 en Angleterre ». Il permettait, en outre, de diffuser du reggae à une époque où la radio ignorait encore cette musique. Dans son livre *Cut'N' Mix*[44], le sociologue Dick Hebdige observe l'expérience physique provoquée par les fréquences du mur d'enceintes : « Un bon *sound system* est trente fois plus puissant qu'une chaîne de salon. L'important n'est pas le volume, mais l'amplification de la basse jusqu'à ce qu'elle sonne comme le plus grand tambour du monde. » Par leur volonté de rassembler, leur créativité jamais rassasiée et leur influence sur tous les pans de la société, les

42 Alex King, « Comment la culture du *sound system* des années 1980 a donné naissance à la musique *underground* florissante de Bristol », *Huck Magazine*, 2016.

43 L'un des pionniers anglo-jamaïcains du *sound system*. Il est à l'origine du « dub stepper », mouvement musical où basse et grosse caisse sont frappées en continu.

44 Dick Hebdige, *Cut'N'Mix*, Routledge, 1987.

sound systems ont marqué Bristol de leur empreinte en faisant rayonner l'héritage musical des Caraïbes au-delà des cercles antillais, comme l'illustre le carnaval de Saint Pauls. Chaque premier week-end de juillet, une cohorte de chars colorés et de danseurs aux costumes flamboyants envahit les rues du nord, de l'est et du sud-est de la ville. Des dizaines de *sound systems* font danser la population jusque tard dans la nuit en diffusant principalement du reggae. Roy Hackett, le fondateur de cette fête[45], qui réunit aujourd'hui plus de 100 000 personnes, déclare avoir voulu « créer un événement auquel tout le monde pouvait participer, des personnes âgées aux enfants, pour remercier la communauté de Saint Pauls ». La solidarité constitue le trésor de ce quartier qui a vu débarquer la première vague d'immigrants dans les années 1950[46].

45 Roy Hackett est décédé à l'âge de 93 ans le 2 août 2022. Il avait cofondé le Commonwealth Coordinated Committee, avant de créer le carnaval de Saint Pauls.

46 Une population qui s'est également installée dans les districts voisins de Saint Pauls, à savoir Montpelier, St Andrews, St Werburghs et Easton.

CHAPITRE 2

DU DUG OUT À MASSIVE ATTACK

UN CLUB : THE DUG OUT

Bristol était un écrin où les adolescents de toutes origines et classes sociales se connaissaient et se croisaient dans les clubs. L'un d'entre eux a marqué l'histoire : le Dug Out Club Bristol. « Il y a eu l'Haçienda à Manchester, le Studio 54 à New York[47] et le Dug Out à Bristol. » La BBC utilise ces mots pour décrire le club sur son site. Dans *The Bristol Sound*, un documentaire réalisé par Wayne Yates, le DJ John Stapleton ajoute qu'il s'agissait d'un lieu où « se rendaient tous ceux qui n'avaient pas à se lever pour travailler le lendemain ». Situé au 52 Park Row, le Dug Out opérait une jonction entre les quartiers mixtes de Saint Pauls, Southville, Easton et les zones plus riches de Clifton, Redland, Cotham. L'endroit n'existe plus, il a fermé en 1986. Aujourd'hui, un restaurant thaï occupe cette adresse mythique mais la part de fantasmes demeure. Une porte dissimulée, recouverte de tags, donne sur un escalier aux murs orange. On devine l'atmosphère qui régnait, ici, il y a quarante ans. Plafond bas, sol collant,

47 The Haçienda est un club de Manchester, ouvert en 1982 et fondé par Tony Wilson, créateur du label Factory Records sur lequel étaient signés Joy Division, New Order ou Happy Mondays ; le Studio 54 était une discothèque new-yorkaise, repaire du monde de la mode, de l'art, du cinéma ou encore de la littérature.

haleur étouffante et odeur de sueur. Max, le videur, laissait entrer un public hétérogène, des Blancs comme des Noirs, des riches comme des pauvres. Ici, le public venait avant tout pour la musique et non pour se faire voir. Ce lieu de ralliement, d'une riche mixité sociale, brassait les genres et les styles : « C'était un melting-pot. Le Dug Out rassemblait toutes sortes de personnes : des bikers, des punks, des rastas… tout le monde ! » se souvient le producteur Peter D. Rose, membre de Smith & Mighty[48]. À l'époque, le club se distinguait surtout des autres boîtes de la ville par son éclectisme musical : un mélange de genres qui allait former le goût de nombreux jeunes, futurs architectes de ce que certains nommeront, plus tard, le « son de Bristol ».

Nourris au hip-hop américain, ces adolescents en ont adopté les codes. Ils se sont emparés des platines et entourés de MCs pour se livrer à de véritables joutes soniques. Au Dug Out, les *flows* rap se fixent aux *vibes* dub, tandis que l'excitation adolescente se mesure, dans le même temps, à la découverte du punk. Les jeunes rebelles blancs s'identifient à l'agitation factieuse des musiciens jamaïcains et aux émeutes qui secouent les quartiers de Brixton à Londres puis de Saint Pauls à Bristol. Encore mineur, Tricky fréquente le Dug Out avec sa cousine Michelle. Ici, il va assister à la genèse d'une histoire en pleine gestation qui démarre avec l'apparition de nombreux collectifs : City Rockers, 2 Bad, 2 Tuff, KC Rock, UD4, FBI, Fresh 4[49].

48 L'un des premiers groupes de Bristol à avoir mêlé le post-punk, le dub et le hip-hop.

49 DJ Krust, l'un des pionniers de la scène drum'n'bass anglaise des années 1990, faisait partie de ce collectif.

L'un d'entre eux possède une résidence au Dug Out. Son nom : The Wild Bunch.

UN COLLECTIF MAJEUR : THE WILD BUNCH

The Wild Bunch, dont le nom se réfère au western *La Horde sauvage* (Sam Peckinpah, 1969), se forme en 1982 autour de trois hommes : Grantley Evan Marshall, Miles Johnson et Paul « Nellee » Hooper. Miles et Nellee se sont rencontrés lors d'un concert de Bauhaus et Magazine : le premier groupe est un des pionniers du rock gothique, le deuxième est considéré comme une des premières formations de post-punk[50]. Nellee, 19 ans, a déjà les pieds dans l'industrie musicale. En avril 1982, sur le plateau de l'émission musicale *Top of the Pops*, il apparaît comme percussionniste pour Pigbag, une formation originaire de Cheltenham qui connaît un succès avec le titre « Papa's Got A Brand New Pigbag[51]. » Le jeune musicien a aussi créé, avec Miles Johnson, un groupe de new wave à la carrière éphémère. Alors que son mélange de détermination et de décontraction attire l'attention jusque dans les soirées londoniennes, Nellee rêve de monter un projet ambitieux. Pas un énième groupe de musique, quelque chose de différent.

50 Le post-punk applique l'esprit du punk à des compositions aux structures et arrangements complexes. Formé en 1977 par Howard Devoto, qui avait cofondé quelques mois plus tôt les Buzzcocks - groupe phare de la scène punk anglaise aux côtés des Sex Pistols et des Clash -, Magazine définit les codes du post-punk, alors que le punk en est encore à ses prémices.

51 Jeu de mots avec la chanson « Papa's Got A Brand New Bag » de James Brown, sortie en 1965, qui est considérée comme étant à l'origine du funk.

Avec Miles Johnson, qui se fait appeler DJ Milo, ils commencent à mixer dans les soirées de leurs proches, et proposent très vite à Grantley Evan Marshall, alias Daddy G, passionné de reggae, de les rejoindre. Daddy G et Milo se sont connus à Bristol dans un magasin de vêtements punk. Ensemble, ils fouillaient inlassablement les bacs des disquaires et des brocantes, à la recherche de pépites musicales : « Certains se contentent de trouver de bons disques, nous, on voulait ce qu'il y a de meilleur[52], reconnaît Milo. Tout m'influençait, ça peut paraître fade, pourtant, c'était le cas. Notre génération a eu la chance d'expérimenter la naissance de tellement de styles musicaux : le disco, le punk, le hip-hop. Ma mère écoutait du reggae, du ska, de la soul et de la folk, j'ai grandi avec ça[53]. » Le week-end, Milo et Nellee se rendent chez Daddy G, pour écouter ses dernières trouvailles. Il a 24 ans et travaille chez Revolver, un disquaire situé non loin du Dug Out, où il déniche les sons les plus rares. Dans le livret du disque *The Wild Bunch : Story of A Sound System,* Milo se souvient de Daddy G : « Les gens des autres collectifs se plaignaient car il planquait les meilleurs disques pour que personne ne les prenne. Et lorsqu'il ne les cachait pas, il les vendait à des gosses qui n'étaient pas DJs. » Revolver est un disquaire réputé « indépendant » et pour cause : aucun vinyle présent dans le top 100 ne s'y trouve, la carte de crédit n'est pas acceptée et si jamais un disque est épuisé, il y a de fortes chances qu'une version pirate soit disponible sous le comptoir. Richard King,

52 Voir le livret du disque *The Wild Bunch : Story of A Sound System,* Mixed by DJ Milo, 2002.

53 Chris Burton et Gary Thompson, *Art and Sound of the Bristol Underground,* Tangent Books, 2009.

qui y a travaillé durant plusieurs années, écrit dans le livre qu'il a consacré au lieu : « Plus qu'une boutique, il s'agissait du point de départ d'un amour obsessionnel de la musique et d'un miracle pour sa capacité à transfigurer le quotidien[54]. »

Chez Revolver, une génération d'ados découvre des sons venus du monde entier. Un après-midi, un jeune homme, 15 ans environ, entre dans la boutique : il vient d'entendre un titre à plein volume dans une voiture et souhaite retrouver son nom – il s'agissait de « Two, Three, Break » des B-Boys, groupe de hip-hop new-yorkais. Il s'adresse à Daddy G qui lui répond : « Si tu aimes la musique, viens traîner avec nous au Dug Out. » Le garçon s'appelle Andrew Vowles. Il choisit, plus tard, le pseudo « Mushroom », en hommage au jeu d'arcade *Centipede*, où il faut éliminer des figures en forme de champignon. Le collectif recrute ensuite le MC Claude « Willy Wee » Williams et un jeune homme, Robert del Naja. Né à Brighton d'une mère anglaise et d'un père italien, il a un an quand ses parents déménagent à Bristol dans le quartier de Saint Andrews en 1966. Très tôt, il se passionne pour la bande dessinée, traîne au skatepark et admire Futura 2000, un *graffiti artist* de New York connu, notamment, pour être le premier à avoir bombé intégralement un train. Robert se fait surnommer 3D, Delj ou simplement D. Côté musique, le garçon est d'abord saisi par The Clash. Révélé dans l'effervescence punk de la fin des années 1970, le groupe londonien intègre à sa musique des éléments de reggae, de soul et de hip-hop. Des influences qui marquent le jeune

54 Richard King, *Original Rockers*, Faber & Faber, 2015.

3D : « Si j'ai d'abord été attiré par l'agressivité des guitares, la musique de The Clash m'a révélé un tas de mondes inconnus, se souvient-il dans *Le Monde*[55]. Le groupe était ouvert à toutes les musiques noires, il invitait aussi sur ses disques et à ses concerts un tas de personnalités extérieures, comme Futura 2000. Grâce à eux, je me suis passionné pour le reggae, pour les *sound systems*, puis pour le funk et le hip-hop. Après cela, je suis resté fasciné par ces groupes qui mêlaient les froidures post-punk au dub jamaïcain. » En 1983, 3D a 18 ans. Sans emploi, il fréquente le Dug Out et traîne avec le Wild Bunch. L'année suivante, il crée l'aspect visuel du collectif, en peignant des fresques au nom de Wild Bunch dans les rues de Bristol. Le *crew* fait la passerelle entre musique blanche et musique noire dans des soirées où se répondent le hip-hop, le punk, la soul et le funk. La réputation et l'audience du groupe ne cessent de croître : « On écoutait du hip-hop, mais aussi des groupes comme Gang Of Four, A Certain Ratio, beaucoup de *new wave* comme Killing Joke. Aucun d'entre nous ne savait mixer au départ, on se retrouvait juste pour jouer des disques qu'on aimait, ça avait l'air de plaire aux gens », affirme Miles Johnson[56]. Durant l'été 1985, la première exposition européenne de graffiti est organisée au cœur de Bristol, à l'Arnolfini Gallery. Le jour de l'ouverture, des danseurs s'illustrent au breakdance, 3D graffe les murs de la galerie, tandis que les membres du Wild Bunch sont aux platines. Le graffiti fusionne avec la musique. Les deux

55 Stéphane Davet, « Massive Attack, un trio mosaïque d'enfants du rock inventeurs du trip-hop », *Le Monde*, 1998.

56 Dans *The Wild Bunch: Story of A Sound System*, Mixed by DJ Milo, 2002.

arts progressent de manière conjointe et bientôt, Bristol devient la capitale britannique de l'art de rue, appelé *street art*, un nom utilisé pour distinguer les œuvres des tags et des graffs interdits. La ville attire des artistes du monde entier comme Goldie, originaire de Wolverhampton, ou Brim et Bio du Bronx. Dans *Les Inrockuptibles*, le *graffiti artist* Nick Walker considère Robert del Naja comme « un pionnier, en *street art* comme en musique[57] », car au sein du collectif, 3D se fait également remarquer pour la qualité de ses paroles, des textes qui parlent de son quotidien avec une certaine ironie, déclamés seul ou en duo avec Willie Wee lorsque Milo ou Grant sont aux platines.

« TRICKY KID » : LES PREMIERS PAS DE TRICKY AU SEIN DU WILD BUNCH

À 15 ans, Tricky déménage à Totterdown, un quartier de Bristol, situé sous le gare de Temple Meads. Ici, il rencontre un ami qui possède une platine. Avec lui, il s'initie à déclamer ses premières paroles. Prendre le micro n'est pas anodin. Il faut trouver les bons mots, avoir le bon *flow*. Lors d'une soirée[58] organisée chez Daddy G, Milo propose à Tricky, qu'il connaît

57 Jean-Daniel Beauvallet, « Nick Walker, le Vandale et pionnier du street-art, s'expose à Paris », *Les Inrockuptibles*, 2015.

58 The Wild Bunch invite parfois des musiciens de la scène locale à venir rapper sur leurs playlists. Parmi eux, le producteur Gary Clail qui agita Bristol avec sa musique techno-dub, avant de prolonger l'expérience à Londres avec On-U-Sound, le label d'Adrian Sherwood.

depuis l'âge de 7 ans, de venir. Il sent chez le garçon, encore adolescent, un potentiel certain. Ce jour-là, une trentaine de personnes sont présentes. Là, dans une atmosphère enfumée et tendue, Tricky s'empare du micro. Les yeux baissés, il crache un rap acide, tandis que Milo est aux platines. Sa performance est si sèche et si puissante que l'audience reste bouche bée. La session est enregistrée sur une cassette qui circule de mains en mains. Alors qu'il a toujours écrit sans prétendre à la moindre reconnaissance, Tricky révèle une maîtrise certaine, portée par des textes qui évoquent une vie qu'il connaît, et non une existence fantasmée : « À cette époque, j'écrivais sur ce que je connaissais. Jamais de choses du ghetto, assez bizarrement. J'écrivais sur Margaret Thatcher, sur le fait qu'il n'y avait pas de travail, ce genre de trucs. Je n'étais pas du genre à chanter "Je suis un bad boy". Je ne parlais pas de la prison, du fait de vendre de l'herbe ou de voler, je ne voulais pas m'attarder là-dessus. » Après la fermeture du Dug Out, The Wild Bunch organise des soirées dans des squats ou des bâtiments désaffectés, puis investit les rues de Bristol avec un succès notoire. Lors du carnaval de Saint Pauls, le collectif bloque Campbell Street, diffuse du son à pleins watts jusqu'au petit matin, pendant que des *graffiti artists* s'approprient les murs. Dans *Student UK*, Tricky se souvient : « On n'avait pas d'argent, mais c'était fun, on installait des platines et des enceintes et on faisait la fête[59]. » Le garçon les accompagne occasionnellement comme MC, fournissant des textes sans jamais devenir un membre à part entière. Indé-

59 VeryMinky, « Meet Tricky », *Student UK*, 2003.

pendant, il apparaît furtivement au sein du collectif Fresh 4, se fait surnommer « Tricky Kid[60] », oscille entre le populaire Wild Bunch et les rades pourris qu'il fréquente avec son ami Whitley. À Bristol, les basses reggae fissurent le bitume depuis plusieurs années. Avant le Wild Bunch, d'autres musiciens ont ébauché les lignes de cette musique sous influence dub. L'un d'entre eux a tout particulièrement marqué Tricky : Mark Stewart, membre de la formation la plus barrée du post-punk, The Pop Group, dont les textes sont parsemés de visions dystopiques.

LES PRÉCURSEURS DU TRIP-HOP : MARK STEWART ET SMITH & MIGHTY

Né en 1960, Mark Stewart grandit dans le quartier de Saint Pauls, sous les vibrations des *sound systems*. En 1977, il fonde The Pop Group, avec John Waddington, Gareth Sager, Simon Underwood et Bruce Smith. Ensemble, ils souhaitent pousser à son paroxysme l'idéal punk, le faire vriller à coups de basses lourdes, de beats barrés et de collages bizarroïdes : « On ne voulait pas faire du punk, parce que le punk avait déjà deux ou trois mois. On se disait que ce ne serait pas *punk* de faire quelque chose qui avait déjà eu lieu. Si tu contestes la politique ou la société, il faut défier le concept même de musique, alors on a mis du free jazz, du funk, de la musique concrète et beaucoup de noise expérimentale », explique-t-il dans l'émission *Tracks*, en 2017.

60 Tricky signifie, au choix : « compliqué », « difficile », « rusé ».

Dès 1979, le groupe propose une musique punk-dub teintée de fortes revendications sociales, avant d'imploser en vol deux ans plus tard après deux albums, une compilation et quelques singles, dont « We Are All Prostitutes ». Pionnier de la musique contemporaine malgré sa courte carrière, The Pop Group est le premier groupe originaire de Bristol à s'imposer à Londres, mettant un coup de projecteur sur la scène musicale locale. Pour Tricky, Mark Stewart représente un mentor qu'il décrit comme un homme « très intelligent, au point d'en paraître excentrique ». Stewart sera à l'origine de l'enregistrement du premier single solo de Tricky, mais pour le moment, les deux hommes écument les salles de concerts. Au milieu des années 1980, ils vont voir en live Smith & Mighty, un duo voisin du Wild Bunch, formé par Rob Smith et Ray Mighty[61]. Ce soir-là, ils reprennent « Gymnopédie No.1 » d'Erik Satie version *mid-tempo*, quand soudain le chanteur du Pop Group les interrompt, attrape le micro et s'exclame : « Les gars, vous êtes *fucking* géniaux, mais je dois vous présenter quelqu'un[62]. » Il interpelle alors Tricky pour qu'il le rejoigne. Le MC qui avait l'habitude de poser ses mots dans l'ombre, près des platines, se retrouve propulsé dans la lumière sur une vraie scène. Mort de trouille, Tricky réussit néanmoins à captiver la salle. À la fin du show, Rob Smith, moitié de Smith & Mighty, le complimente sur sa voix rauque légèrement éraillée avant de conclure : « T'as vu la réaction du public ? Tous ces bras en l'air ? Promets-moi de ne jamais lâcher ce micro. »

61 Ils seront rejoints quelques années plus tard par Peter D. Rose.

62 En 1987, Mark Stewart utilise le remix de « Gymnopédie No.1 » par Smith & Mighty pour son single « Stranger Than Love », sorti sur le label Mute Records.

Si Mark Stewart a défriché le terrain, Smith & Mighty, duo idolâtré par tout le giron *underground* de Bristol, a jalonné la voie. Tricky affirme que les productions de ce groupe ont été la première manifestation tangible d'un son qui deviendra la norme. Un avis partagé par Geoff Barrow, le leader de Portishead, pour qui Smith & Mighty est la formation « à qui l'on doit toute l'orientation qu'a prise la musique de Bristol[63] ». Précurseurs injustement méconnus, Smith & Mighty ont comblé le vide laissé par l'utopie punk et défini le modèle d'une soul résolument anglaise. Leur musique intègre, à la façon des *sound systems* de Jamaïque dont le père de Ray Mighty est originaire, des lignes de basse qui fusionnent avec le son post-punk du début des années 1980. Résultat : des titres à la sensualité anxiogène, entre pureté massive et sophistication rare. Smith & Mighty sortent deux singles autoproduits, « Anyone » et « Walk On By », reprise drum'n'bass de Dionne Warwick[64], et attirent l'intérêt de FFRR, un label qui a signé le DJ Frankie Knuckles[65] ou le rappeur Jay-Z[66]. Mais une

63 Vincent Jégu, *Reggatta de blanc; le reggae hors Jamaïque*, Le Mot et le Reste, 2018.

64 Chanteuse américaine connue comme interprète de chansons écrites par Burt Bacharach et Hal David, telles que « Walk On By » ou « I Say a Little Prayer ».

65 Surnommé « le parrain de la *house music* », Frankie Knuckles a révolutionné la musique électronique à la fin des années 1970. Il a inventé une nouvelle façon d'utiliser les disques : il ne les enchaîne pas, il les mélange entre eux en utilisant le *sampling* - « échantillonnage », en français -, une technique qui consiste à récupérer un son au sein d'un enregistrement préexistant afin qu'il soit réutilisé pour fabriquer une nouvelle musique.

66 Considéré comme l'un des plus grands MCs de tous les temps. Il est connu, notamment, pour ses titres « Empire State of Mind » avec Alicia Keys ou « 03' Bonnie and Clyde » avec Beyoncé, sa compagne.

soif d'indépendance associée à un manque de communication aura raison de ce partenariat : « C'était comme un mariage raté. On pensait se comprendre parfaitement, mais on s'est vite rendu compte qu'aucune des deux parties ne serait heureuse. Le label exigeait de nous compromis sur compromis, sans être jamais satisfait. C'était très étrange et frustrant, nous étions constamment occupés à composer et rien ne sortait », raconte Rob Smith aux *Inrockuptibles*[67]. Pendant ce temps, The Wild Bunch compose ses premières démos et amorce, sans le savoir, un mouvement de bascule des bas-fonds vers la surface car il s'apprête à émerger grâce à une femme : Neneh Mariann Karlsson, alias Neneh Cherry.

THE WILD BUNCH AU JAPON : LE SOUTIEN DE NENEH CHERRY

Belle-fille du jazzman américain Don Cherry, Neneh Cherry, suédoise d'origine, déménage à Londres durant son adolescence. En 1982, elle sort le 45 tours « Stop the War », reprise d'Edwin Starr[68], au moment de la guerre des Malouines[69]. Dans

67 Vincent Brunner, « Small World, Big World », *Les Inrockuptibles*, 1999. En 1995, le groupe publie enfin son premier album, *Bass Is Maternal*, sur son propre label, More Rockers. Le disque, mal distribué, peine à trouver son public.

68 Chanteur et compositeur de soul américain de la Motown, célèbre pour plusieurs hits, notamment « War » en 1970.

69 La guerre des Malouines est un conflit ayant opposé l'Argentine au Royaume-Uni dans les îles Malouines, au large des côtes de l'Amérique du Sud. Le conflit, débuté le 2 avril 1982, s'est achevé le 14 juin 1982, avec un bilan humain de quelque 900 morts.

le même temps, elle est à la tête du groupe de post-punk Rip Rig + Panic, dont fait partie son compagnon Bruce Smith, ancien membre du Pop Group et ami d'enfance de DJ Milo, ce qui amène la musicienne à côtoyer la scène de Bristol et les soirées du collectif Wild Bunch. En 1985, elle propose à Milo, mannequin à ses heures perdues, de l'accompagner au Japon où elle rejoint sa bande d'amis[70] pour assister à des défilés de mode. Sur place, le jeune homme découvre la modernité technologique, vestimentaire et musicale du pays. Fasciné, il veut y retourner, mais avec le Wild Bunch cette fois. Grâce à Neneh Cherry, le groupe entre en contact avec plusieurs clubs de Tokyo. Milo organise un séjour de deux mois. Chacun rassemble ses économies et en avril 1986, Milo, Nellee, Daddy G, Willie Wee et 3D s'envolent au Pays du Soleil levant. Tricky lui, reste en Angleterre, oscillant toujours entre Londres et Bristol. Une situation qui lui convient très bien. Il vit au jour le jour, sans plan de carrière. Pour lui, le Wild Bunch est un loisir qui lui permet de gagner un peu d'argent de manière régulière. Pendant ce temps, dans la capitale nipponne, Milo et les quatre membres du collectif, galvanisés, explorent la ville et sa culture, des mangas aux karaokés. Au bout d'un mois et après plusieurs déconvenues – logement vétuste, manque d'argent – 3D a le mal du pays. Il rentre à Bristol. Milo ne lui pardonne pas ce désengagement et l'exclut du Wild Bunch. Malmené par des tensions internes

70 Parmi eux, le styliste Ray Pietri, à l'origine du style Buffalo qui a bouleversé l'iconographie de la masculinité en brouillant les genres et en métissant les styles. En faisant porter des robes aux garçons, ce mouvement créait des oppositions, pour briser les barrières et les stéréotypes.

consécutives à des visions divergentes pour son avenir, le collectif implose. Nellee Hooper et Milo choisissent de s'installer à Londres, Grant Marshall et les autres restent à Bristol. Seulement, juste avant de partir au Japon, le Wild Bunch a obtenu un contrat avec Fourth & Broadway, une filiale d'Island Records[71], et a enregistré « Tearin' Down the Avenue », une démo interprétée par 3D. La maison de disques, séduite par l'idée d'un groupe de cinq personnes et non de deux, impose le retour de 3D pour écrire des textes. À peine disparu, le Wild Bunch renaît déjà de ses cendres et un maxi-single sort en 1987. Sur la face A : la version finale de « Tearin' Down the Avenue » ; sur la face B, une reprise de la chanson de 1967 « The Look of Love[72] », réinventée par Milo selon une technique personnelle : dans ses DJ sets, il avait l'habitude de mélanger des sons rugueux avec d'autres, plus doux. L'effet est probant : la puissance des basses se fond, dans une lenteur entêtée, à l'élégance de la voix de son interprète, Shara Nelson, que Milo a rencontrée lorsqu'il mixait à Londres. Aujourd'hui, le webzine *Resident Advisor* considère « The Look of Love » comme le premier morceau de hip-hop britannique. Un autre maxi-single sort en 1988 avec les titres « Friends and Countrymen » et « Machine Gun ». Mais à force de dissensions, le collectif ne survit pas. D'autant plus qu'au même moment, Nellee Hooper, installé à Londres, rejoint le groupe

71 Island Records est le label créé par Chris Blackwell, l'homme qui a lancé la carrière internationale de Bob Marley.

72 Standard composé par Burt Bacharach sur des paroles de Hal David, et interprété à l'origine par Dusty Springfield.

Soul II Soul[73] et connaît, en 1989, un succès mondial avec « Back to Life (However Do You Want Me) ». Milo, lui, part au Japon, puis s'installe à New York où il a continué la musique sous le nom de Nature Boy. Restent donc : Daddy G, Mushroom et 3 D. Si le succès des singles sortis par le Wild Bunch reste marginal, ils ont laissé une empreinte notable dans la généalogie urbaine et fait naître des vocations, comme chez le DJ Matt Black, moitié du duo Coldcut, et fondateur du label Ninja Tune[74].

THE WILD BUNCH : LA ZULU NATION ANGLAISE ?

3D désire voir The Wild Bunch se transformer en une version anglaise de la Zulu Nation, ce mouvement créé en 1973 par Afrika Bambaataa, le DJ du Bronx qui a fédéré les quatre disciplines de la culture hip-hop : le rap, la danse, le DJing, et le graffiti. « Le hip-hop a eu une influence énorme sur l'évolution de la scène britannique, explique 3D au *Monde*, sans que le genre lui-même s'enracine véritablement. En France, votre langue s'est formidablement adaptée au rap. En Angleterre, les

73 Nellee Hooper travaillera ensuite avec Björk, Madonna ou encore les groupes No Doubt, Garbage et U2.

74 Label sur lequel sont notamment signés le DJ brésilien Amon Tobin et le Japonais Ryuichi Sakamoto qui a, entre autres, composé la bande originale de *Furyo* de Nagisa Oshima (1983). En 1984, Matt Black passe ses vacances à Bristol avec ses amis. Âgé d'une vingtaine d'années, il voit The Wild Bunch au Dug Out : « C'était incroyable… La musique, les graffitis… La scène était très active et vraiment convaincante. Quand je suis rentré à Londres, j'ai pris mes platines et je me suis dit "Je vais apprendre à faire la même chose". »

disques américains nous suffisaient, nous avions l'impression de faire forcément moins bien. Il nous a fallu adapter cette musique au contexte britannique en la mélangeant à plein d'autres influences[75]. » Pour transposer les idéaux de la Zulu Nation au Royaume-Uni, les trois garçons se retrouvent chez Daddy G et expérimentent de nouvelles techniques. En 1988, ils sortent « Any Love », reprise ralentie à l'extrême du groupe de funk américain Rufus & Chaka Khan. Le chant est assuré par Carlton, un choriste de Bristol accompagné, sur la version vinyle, d'un rap de Daddy G, le tout produit par Smith & Mighty. Le trio signe la chanson du nom de Massive Attack. L'expression vient du *graffiti artist* Brim[76] qui avait taggué « underground massive » sur l'un des murs de la ville. À l'époque, l'appellation marque Milo qui souhaite la transformer en acronyme, à l'image de N.W.A[77]. Pour la rendre plus incisive, il ajoute le mot « Attack », ce qui donne : T.U.M.A., *The Underground Massive Attack*. L'expression sera raccourcie en Massive Attack. En 2002, 3D reconnaît, dans le livret du disque *The Wild Bunch : Story Of A Sound System*, l'influence de DJ Milo : « Miles est responsable, à bien des égards, de beaucoup de choses qui se

75 Stéphane Davet, « Massive Attack, un trio mosaïque d'enfants du rock inventeurs du trip-hop », *Le Monde*, 1998.

76 Membre fondateur du TATS CRU, collectif de *graffiti artists* du Bronx. Ami avec Afrika Bambataa, on peut le voir dans le clip de « Renegades of Funk », l'une des vidéos les plus importantes de la culture hip-hop.

77 NWA, acronyme de « Niggaz Wit Attitudes », qui signifie littéralement « des nègres qui ont du style », est un groupe de hip-hop américain originaire de Compton, une ville de la banlieue sud de Los Angeles, formé par Arabian Prince, Dr. Dre, Eazy-E, Ice Cube, DJ Yella et MC Ren.

sont passées à Bristol. De toute évidence, pour Massive Attack, il a posé de nombreuses bases. »

DES *SOUND SYSTEMS* AU STUDIO D'ENREGISTREMENT : LE MIRACLE *BLUE LINES*

Neneh Cherry contacte une partie des membres du Wild Bunch, tout juste dispersé, afin de participer à l'élaboration de *Raw Like Sushi*, son premier album solo coproduit par son nouveau mari, Cameron « Booga Bear » McVey. Nellee Hooper y joue du vibraphone, instrument de la famille des percussions, et s'occupe des arrangements ; 3D coécrit les paroles de « Manchild » et Mushroom s'illustre au *scratching*[78] sur plusieurs titres. Sorti en 1989 chez Virgin Records, le disque connaît un immense succès. Neneh Cherry croit au talent de Massive Attack et les encourage à produire leur propre musique. « On était des petits cons paresseux », se souvient Daddy G dans *The Observer*, « Neneh Cherry nous a botté le cul pour qu'on aille en studio. [...] On voulait créer une *dance music* pour la tête et non pour les pieds[79]. » En pleine vague *acid house*[80], Massive Attack vogue

78 Mouvement d'aller-retour que les DJs font faire aux vinyles sur la platine afin de modifier la vitesse de lecture des disques.

79 Ben Thompson, « Blue Lines, Massive Attack », *The Observer*, 2004.

80 L'*acid house*, dérivé de la house et caractérisé par ses sons de basse numériques, est un sous-genre des musiques électroniques, apparu à Chicago, aux États-Unis, dans les années 1980. Le courant fait son entrée sur la scène musicale britannique à la fin des années 1980, dans une version plus pop et dance que celle américaine.

à contre-courant, préférant les rythmes apathiques aux beats frénétiques. La technologie autorise une nouvelle approche, grâce aux échantillonneurs de plus en plus performants[81]. À la faveur de l'avènement de la culture du *sample* héritée du hip-hop, Massive Attack poursuit les recherches sonores initiées par le Wild Bunch, passant des platines des *sound systems* au studio d'enregistrement avec la même idée : mélanger encore et toujours toutes les musiques qui comptent à leurs yeux. « Nous suivons une tradition reggae, où des producteurs façonnent une base rythmique avant que des chanteurs viennent poser leurs textes sur des mélodies[82] », explique Daddy G au Monde.

Lorsque les membres de Massive Attack entrent en studio en 1990 pour enregistrer *Blue Lines*, leur premier album, ils font appel à Tricky qu'ils connaissent depuis l'époque du Dug Out et dont ils admirent la voix caverneuse et le phrasé murmuré. L'album, enregistré à Londres sous l'égide de Cameron McVey, est écrit principalement à Bristol, où chacun conçoit séparément des pistes avant de les confronter. À 22 ans à peine, Tricky se pose en architecte de la musique de « Daydreaming », le premier single de *Blue Lines*. Modernes, aussi bien dans la forme que dans le fond, les paroles de la chanson, écrites par 3D et Tricky, rejoints au chant par la diva soul Shara Nelson et Daddy G, capturent le malaise d'un pays en pleine gueule de bois, rongé par des années de sape thatchérienne :

81 Comme le Casio FZ-1, sorti en 1987, dont se servira beaucoup Massive Attack.

82 *Op. cit.*

> « Yes, Tricky kid, I check my situation
> Maggie this, Maggie that, Maggie means inflation
> Hip-hop, you don't stop, 'cause I'm not sloppy
> I like the beat so we need another copy[83]. »

Quatre mois après la sortie du disque, Tricky déclare au magazine *Rage* : « Cette chanson nous décrit parfaitement. Si Daddy G et moi avions parlé de bastons ou de meurtres, cela ne nous aurait pas ressemblé. J'ai déjà essayé d'écrire du rap dur et agressif, mais ce n'est pas moi. Rapper, c'est imposer sa personnalité. » Composé à partir d'un *sample* de Wally Badarou[84], le titre fuse dans un canevas de rap, de soul et de techno pour tisser une musique aussi lente que nonchalante. Pour la première fois, Tricky, armé de l'échantillonneur Akai S1000, s'essaye à la production. Amoureux des mots depuis l'enfance, il voit l'écriture comme un geste naturel, mais réalise que s'il ne veut dépendre de personne, il doit apprendre à tout faire tout seul. Autodidacte, il se force alors à comprendre le fonctionnement des machines. Entre paroles cryptées et mélodies lancinantes, Tricky nourrit ses textes de références dans lesquelles il se raconte, usant d'un style pur, sans fioritures. Il participe à l'écriture de deux autres chansons de l'album : « Five Man Army » et

83 « Moi, l'enfant difficile, je fais le point sur ma situation / Maggie par-ci, Maggie par-là / Maggie est synonyme d'inflation / Hip-hop, ne t'arrête pas, parce que je ne bâcle pas / J'aime le rythme donc il nous faut une autre copie. » L'expression « Hip hop don't stop » provient de la chanson « Rapper's Delight », composée en 1979 par The Sugarhill Gang.

84 Musicien français d'origine béninoise, qui a enregistré pour le compositeur de jazz Herbie Hancock ou le groupe américain Talking Heads.

« Blue Lines ». Dans la première, il cite un titre de la chanteuse américaine Nina Simone avec la phrase « My baby just cares for me, well that's funny » ; dans la deuxième, il dissémine des éléments biographiques :

> « Even if I told you, you still would not know me
> Tricky never does, Adrian mostly gets lonely
> How we live in this existence, just being
> English upbringing, background Caribbean[85]. »

À sa sortie, le 8 avril 1991, le succès de l'album est mondial. Il mêle tant de genres qu'il en fonde un nouveau. En associant habilement les musiques noires et les beats de la *club culture, Blue Lines* donne le ton de la décennie à venir. Surtout, il constitue le moment zéro qui fait de Bristol le berceau d'un mouvement que l'on nommera, faute de mieux, trip-hop.

UN MOUVEMENT NOMMÉ « TRIP-HOP »

Le terme « trip-hop » apparaît pour la première fois en juin 1994, trois ans après la sortie de *Blue Lines*, dans le magazine de musique *Mixmag*, sous la plume du critique Andy Pemberton

85 « Même si je te le disais, tu ne me connaîtrais toujours pas / Tricky ne le fait jamais, Adrian reste surtout solitaire / On vit ainsi dans cette existence / Une éducation anglaise, un milieu caribéen. »

pour décrire le single « In / Flux » de l'Américain DJ Shadow[86], joué dans les clubs de Londres de l'époque. Si le terme est blâmé par les artistes dudit mouvement qui entendent exister en dehors des chapelles, il s'agit surtout de mettre un mot sur le courant qui agite la ville depuis le début des années 1990 et qui s'est exporté dans toute l'Angleterre et au-delà des frontières. « Le trip-hop est vraiment une musique d'ici. Peut-être à cause d'une lenteur dans les choses, d'un ennui qui correspond à une certaine contemplation », affirme Corin Dingley du groupe Alpha[87] dans *Libération*[88]. Six ans après sa sortie, en 1997, *Blue Lines* apparaît à la 21e place des meilleurs albums de tous les temps lors d'une enquête lancée par *The Guardian*, *Channel 4* et les magasins HMV[89]. Néanmoins, peu intéressé par les néons des *charts* et les sirènes du *showbiz*, Tricky confie dans son autobiographie : « Quand tu crées une chanson, tu n'imagines pas qu'un jour, les gens vont l'écouter. Puis ça finit par arriver : tu passes d'un petit studio à des clips diffusés sur MTV partout dans le monde. Lorsque *Daydreaming* est sorti, tout est allé très rapidement. On a dû faire des vidéos, des tournées, des interviews. C'était irréel, il y avait un truc qui m'échappait. Cette facette de la musique ne m'intéressait pas. J'avais juste envie de sortir, fumer un spliff ou d'écouter du son chez un pote. Je me sentais aliéné.

86 Son premier album, *Endtroducing.....*, sorti en 1996, est entièrement composé de *samples*.

87 Groupe signé sur Melankolic, le label créé par 3D de Massive Attack, dont le slogan était l'ironique « Glad to be sad », « Heureux d'être triste ».

88 Bruno Masi, « Bristol dans son trip », *Libération*, 2001.

89 Une chaîne de magasins du Royaume-Uni qui propose des biens culturels.

Peu à peu, c'est devenu un vrai job avec des horaires, alors je me suis cassé : si j'ai choisi de faire de la musique, c'est justement parce que je ne voulais pas travailler de cette manière. » Il écrit deux textes, « Karmacoma » et « Eurochild » pour *Protection*, le deuxième album de Massive Attack sorti en 1994, puis s'éloigne du groupe. Pendant quelques mois, on n'entend plus parler de lui. Mais le destin n'a pas dit son dernier mot.

MASSIVE ATTACK : L'EXIL DE TRICKY

À l'orée des années 1990, alors que Tricky travaille encore avec Massive Attack, il croise Mark Stewart dans un squat de Totterdown, au sud de Bristol. L'ancien chanteur du Pop Group lui explique qu'il a loué un studio d'enregistrement, mais ne peut finalement pas s'y rendre. Il lui propose d'honorer la réservation à sa place. Tricky accepte. Cela tombe bien : il a dans l'esprit une chanson où se mêleraient un break de LL Cool J[90] et un riff de Marvin Gaye[91]. Dans le même temps, il rencontre une étudiante de 17 ans. Adossée à un mur, elle fredonne un air. Lorsqu'il l'entend, Tricky est époustouflé : « Ça m'a rendu fou. Une voix naturellement dangereuse », dira-t-il dans le

90 Rappeur américain qui fut, avec les Beastie Boys et Run-DMC, l'un des premiers à toucher le grand public durant les années 1980.

91 Musicien américain qui fut un des artistes phares du label Motown dans les années 1960. Son album *What's Going On*, sorti en 1971, est considéré comme un album majeur de la soul music. En 1980, Marvin Gaye quitte les États-Unis pour s'exiler en Europe où il enregistre le disque *Midnight Love* – le dernier sorti de son vivant – qui contient le titre « Sexual Healing ».

Melody Maker[92]. Il se dirige vers elle, lui demande si elle sait chanter. Elle acquiesce, il répond : « OK. Allons au studio. » La jeune fille s'appelle Martina Topley-Bird, le titre qu'ils enregistrent ce jour-là, « Aftermath ». Tricky fait écouter le morceau aux membres de Massive Attack qui refusent de l'intégrer à *Protection*. Résigné, le musicien laisse la cassette de côté. Le temps s'écoule. Sa tante Sandie lui prédit, grâce à un jeu de tarot, qu'il aura beaucoup de succès, mais pour le moment, rien ne se passe. Tricky vagabonde. Il sort, boit, fume. Parfois, il fait écouter « Aftermath » à des amis. Jusqu'au jour où sa cousine Michelle entend la chanson. Elle le convainc de sortir le morceau lui-même. Mais Tricky n'a ni label ni argent. Coup du sort : dans un pub de Bristol, il tombe sur une vieille connaissance – un vendeur d'herbe – qui lui promet que s'il a besoin d'argent, il lui en prêtera. Bingo. L'homme lui file 500 livres, l'équivalent de 600 euros. Une centaine de 45 tours d'« Aftermath » est pressée : 70 sont déposés dans un magasin de disques de Bristol, le reste donné à des journaux, radios et labels. Six semaines plus tard, Chris Blackwell, le fondateur du label Island Records, écoute la chanson et signe Tricky. Le 24 janvier 1994, « Aftermath » sort avec une distribution nationale. Peu confiant sur les possibilités de sa voix, le musicien, qui déclare « savoir rapper mais pas chanter », souhaite que Martina interprète les titres de son premier album solo. Hélas, depuis l'enregistrement du single, il n'a gardé aucun contact avec elle. Il se met à sa recherche et, nouveau coup du destin, la

92 Jim Arundel, « Dodgy Geezer », *Melody Maker*, 1994.

retrouve grâce à un ami qui la croise dans la rue. Ils deviennent amants et s'enferment en studio pour enregistrer *Maxinquaye*, du nom de sa mère, Maxine Quaye. Pour enregistrer l'album, Tricky s'installe à Londres, dans un petit meublé situé dans le quartier résidentiel de Harlesden, au nord-ouest de la ville. Ici, il expérimente, fait fi des conventions académiques et des règles rigoristes du solfège. « Je travaille toujours selon la même méthode : je crée moi-même une boucle rythmique que je fais tourner à l'infini. Puis j'ajoute quelques nuances, des variations. Là, je sample quelques secondes de ce premier montage, puis j'ajoute une ligne de basse que je joue au clavier. C'est ce premier extrait de musique, à son tour découpé puis monté en boucle, qui donne vie au morceau. Tout part de là : les claviers et la voix se posent ensuite sur ces boucles que j'ai créées[93] », explique-t-il aux *Inrockuptibles*.

93 Emmanuel Tellier, « Tricky, le fugitif », *Les Inrockuptibles*, 1996.

CHAPITRE 3

TRICKY SUPERSTAR

LE SUCCÈS MONDIAL DE *MAXINQUAYE*

Le 20 février 1995, *Maxinquaye* révèle Tricky au monde entier. Salué pour sa beauté portée par la voix angélique de Martina, le disque se classe troisième dans les *charts* anglais à sa sortie et se voit encensé par toute la presse. Deux fois, le musicien pose en une du *NME*, le magazine musical le plus influent de l'époque. Le critique Jon Savage qualifie, dans *MOJO*, l'album de « travail ambitieux où la voix de Martina Topley-Bird articule la vision de Tricky dans un monde incertain qui ne cesse d'évoluer ». Précieux par sa délicatesse, sa tension, ce premier album solo marie la grâce à la mélancolie, le désir à la sensualité. Forgeant sa verve dans l'ironie comme dans la poésie, dans l'élégance comme dans le chaos, le producteur apparaît comme un authentique maître d'œuvre, aussi insondable qu'insaisissable. Observateur social, il est marqué pendant l'enregistrement par un mouvement qui secoue l'Angleterre : la Britpop. Le genre rassemble Suede, Blur, Oasis ou Pulp, des groupes qui traînent leurs Clarks et leurs polos Fred Perry du côté de Londres, Manchester ou Sheffield. Contraction de « British pop[94] »,

94 Le terme apparaît pour la première fois en 1987 pour évoquer des groupes comme The La's ou les Stones Roses.

le terme désigne, selon le sociologue Andy Bennett, « un retour à une version spécifiquement anglaise de la musique populaire qui rappelle la *British Invasion* des années 1960[95] » ; autrement dit, un courant musical qui s'appuie sur une culture héritée du *Swinging London*. Tricky ne comprend pas ces musiciens qui ravivent l'esthétique des sixties sous couvert de cool. Pire, il les déglingue dans sa chanson « Brand New You're Retro », que l'on peut traduire par « Nouveau mais rétro ».

> « They stress me, test me, vex me
> So what, you got a gun?
> That shit don't impress me[96]. »

Groupes à la mode mais musique du passé : le musicien reproche à toutes ces formations de se vautrer dans une pop surannée par peur du risque. Il ne voit pas l'intérêt de singer les vieilles gloires britanniques, comme les Beatles, les Kinks ou les Jam. Son objectif à lui : bouleverser le cours de la musique.

INVENTER LE FUTUR

Dans le livret interne de *Maxinquaye*, Tricky et Martina inversent les codes, déconstruisent le mythe de la rock-star virile

95 Andy Bennett, *Britpop and the English Music Invasion*, Ashgate Publishing, 2010.

96 « Ils me stressent, me testent, me vexent / Alors quoi, t'as une arme ? / Cette merde ne m'impressionne pas. »

et apparaissent vêtus en jeunes mariés : il porte une robe, elle, un costume. Avec ce disque, Tricky ancre sa singularité de la manière la plus entêtante, délectable, emballante qui soit et rappelle que pour lui fièvre sensorielle et extrémisme sonore vont de pair avec le goût de l'innovation. En témoigne la chanson « Overcome », version alternative de sa collaboration avec Massive Attack « Karmacoma », où le musicien plonge ses mots dans une ambiance sombre, presque claustrophobe, pour livrer sa vision d'un monde mouvant et complexe, comme il l'explique dans le *Melody Maker*, en 1995 : « Quand j'écris les paroles "You and I walking through the suburbs / We're not exactly lovers", puis, "And then you wait / For the next Kuwait[97]", je veux dire par là qu'il est possible de marcher dans la rue avec sa petite amie, alors qu'au même moment, le Koweït[98] se fait bombarder. J'essaie de regarder le monde en trois dimensions. Avec Martina, nous sommes des documentaristes. On documente les situations autour de nous. Violence. Mort. Sexe. Argent. Fourberie. » Au fil de ses douze titres, *Maxinquaye* dévoile un son à la fois familier et surgi de nulle part, nourri par des *samples* multiples. Mark Saunders, le coproducteur de l'album, se souvient dans le magazine *Sound on Sound* : « Chaque morceau était construit autour de celui de quelqu'un d'autre. Sur le sol, il y avait des

97 « Toi et moi marchant à travers les banlieues / Nous ne sommes pas vraiment amants [...] Et puis tu attends / Le prochain Koweït. »

98 Le 2 août 1990, l'armée de Saddam Hussein envahissait l'émirat du Koweït, déclenchant ainsi la première guerre du Golfe. Le conflit a opposé, du 2 août 1990 au 28 février 1991, l'Irak à une coalition de 35 États dirigée par les États-Unis et comprenant le Royaume-Uni.

vinyles partout, Tricky prenait un disque, me le donnait et me disait, “Essaye celui-ci” avant de changer d’avis et d’en prendre un autre. À la fin du projet, la maison de disques était furieuse parce qu’il a fallu trois mois pour clarifier tous les droits. » La chanson « Hell Is Round The Corner » se fonde sur un fragment de la trente-sixième seconde du morceau « Ike’s Rap II » d’Isaac Hayes, sorti en 1972 sur *Black Moses* ; sample déjà entendu chez Portishead, dans « Glory Box », morceau de l’album *Dummy* sorti quelques mois avant *Maxinquaye*. Entre les deux morceaux, le débat fait rage : qui de Portishead ou de Tricky a eu l’idée de ce sample ? Qui a piqué l’idée de l’autre ? Si la question est toujours en suspens, la réponse intéresse finalement peu, tant l’utilisation du *sample* dans les deux chansons diffère. Dans *Télérama*, Geoff Barrow se souvient : « On était tous à rechercher de vieux vinyles de soul ou de génériques de séries télé des années 1960 pour nos chansons. Tricky incarne parfaitement l’état d’esprit de Bristol à l’époque : mi-punk anglais, mi-toaster jamaïcain, il traînait autant dans les clubs que dans les salles de concerts… Il était un sampler à lui tout seul[99] ! »

La chanson qui révèle Tricky au grand public s’appelle « Black Steel ». Le titre s’ouvre par un rythme découvert sur le morceau « Rukkumani Rukkumani » d’Allah Rakha Rahman, extrait de la bande originale de *Roja*, un thriller réalisé par Mani Ratnam en 1992. Lorsqu’il l’écoute, Tricky est frappé par le beat présent à 3 minutes 19 et décide de l’utiliser comme

99 En 1991, Geoff Barrow et Tricky ont enregistré ensemble le titre « Nothing’s Clear » publié sur la compilation caritative *The Hard Sell*.

point de départ de Black Steel. Les paroles (tirées de « Black Steel In The Hour Of Chaos » de Public Enemy dont la chanson est une reprise) relatent l'histoire de cinquante-trois Afro-Américains qui s'évadent d'une prison, mais Tricky n'utilise que le premier couplet, qu'il fait répéter en boucle à Martina Topley-Bird. Sur *Maxinquaye*, deux autres voix féminines ornent le disque : celle de la chanteuse islandaise Ragnhildur Gísladóttir sur « You Don't » et celle d'Alison Goldfrapp du groupe[100] du même nom, encore inconnue en 1995, sur « Pumpkin ». Le titre échantillonne « Suffer » paru sur l'album *Gish* des Smashing Pumpkins (1991), l'un des groupes préférés de Martina. Les chansons « Strugglin' » et « Ponderosa », produite par l'Écossais Howie B[101], abordent la question de la dépression. Dans des propos rapportés dans *Energy Flash : A Journey Through Rave Music and Dance Culture* du journaliste Simon Reynolds (1998), Tricky revient sur son mal-être de l'époque : « Après *Blue Lines*, je buvais et fumais toute la journée, puis, le soir, je sortais en clubs. »

Quand l'album sort, le trip-hop est considéré comme le courant le plus avant-gardiste en Angleterre et Tricky en devient l'une des figures de proue. Un statut qu'il réprouve fermement, lui qui ne se laisse enrôler sous aucune bannière au

100 Groupe originaire de Londres dont le style de musique se rapproche de l'électropop. Après avoir enregistré avec Tricky, Alison Goldfrapp rencontre Will Gregory. Elle chante, il compose. En 2000, ils sortent *Felt Mountain*, leur premier album, sur le label Mute Records, mais c'est en 2005 qu'ils connaissent le succès public avec le disque *Supernature* qui contient le titre « Ooh La La ».

101 Producteur qui a aussi travaillé avec Björk et U2.

point de rejeter même l'idée de « scène de Bristol » : « Cette notion de scène ne m'évoque pas grand-chose… À part Massive Attack et moi, qui, à cette époque, a émergé de Bristol ? » David Bowie tombe également sous le charme du jeune musicien. En 1995, il assiste, avec sa femme Iman, au concert de Tricky qui a lieu à Londres, au Shepherd's Bush Empire. Bluffé par le show, il lui écrit une lettre pour lui faire part de son admiration : « Cher Tricky, Iman et moi avons adoré le show de l'autre soir. J'aime *Maxinquaye* depuis longtemps. Le magazine *Q* m'a demandé de faire un petit article sur le sujet de mon choix, alors j'ai choisi d'écrire une fiction sur vous ! J'espère que vous l'apprécierez, ou que vous la trouverez intéressante/amusante/quelque chose. Je ne sais pas quand ça sortira, le mois prochain, je crois. Quoi qu'il en soit, j'espère qu'on se reverra. Bowie, 95. » David Bowie joint, à ce mot, un fac-similé des carnets de travail de Jean-Michel Basquiat, car l'énergie de Tricky lui rappelle celle du *street-artist* new-yorkais. Mais la lettre restera sans réponse. Arrogance de jeunesse ou maladresse d'un petit gars de Knowle West, impressionné d'être l'idole de celui qu'il écoutait ado ? Sûrement un peu des deux. Dans l'article qu'il écrit en son honneur dans le magazine musical *Q*, Bowie relate une rencontre fictive entre les deux artistes, alors même qu'ils ne se connaissent pas. Ils finiront par se croiser plus tard, mais Tricky ne lui dira jamais merci pour cette déclaration d'amour par presse interposée, chose qu'il regrettera par la suite. Avec l'âge, il aurait, admet-il, réagi autrement. Aujourd'hui, il salue, dans son autobiographie, le courage de cet homme « qui s'est battu comme un soldat pour terminer son dernier album, *Blackstar*[102] ».

Après la sortie de *Maxinquaye*, Tricky multiplie les collaborations. Boulimique de travail, il participe à l'album *We Care* du groupe suédois Whale, remixe plusieurs titres dont « Milk » des Américains Garbage ou « Distorted Angel » du compositeur anglais Elvis Costello. Il fait même une apparition sur *The Hell*, le maxi-single du groupe de hip-hop Gravediggaz aux côtés de RZA, la tête pensante du Wu-Tang Clan[103]. Mais étouffé par le succès, le musicien souhaite se débarrasser de l'étiquette qu'on lui accole : « cette merde », pour reprendre les mots dont il affuble le trip-hop. L'heure est à la destruction.

NEARLY GOD OU LE VIRAGE COMMERCIAL

Quelques mois après le big-bang provoqué par *Maxinquaye*, Tricky va au cinéma voir *Pulp Fiction* de Quentin Tarantino. Devant les publicités diffusées avant le film, il réalise que la musique *downtempo* est devenue la norme. Alors il décide de prendre le large, explorer d'autres procédés, quitte à s'éloigner de ce qui a fait le succès de son premier album. Il veut brouiller les

102 David Bowie a enregistré *Blackstar*, son dernier album, alors qu'il se battait contre son cancer.

103 Groupe de hip-hop américain formé en 1992, originaire de New York, dont l'album *Enter the Wu-Tang (36 Chambers)*, publié en 1993, est un des plus gros succès du genre. La majorité des membres du Wu-Tang Clan – RZA, GZA, Ol' Dirty Bastard, Method Man, Raekwon, Ghostface Killah, Inspectah Deck, U-God et Masta Killa – marqueront l'histoire du hip-hop.

pistes, expérimenter de nouveaux sons. Comme Island Records ne l'autorise pas à sortir plus de deux disques par an sous le nom « Tricky », il négocie une clause dans son contrat : il pourra sortir autant de disques qu'il le souhaite à condition d'utiliser un pseudo. En septembre 1995, dissimulé derrière l'alias Starving Souls, il publie le single « I Be The Prophet », que l'on retrouve en avril 1996 sur *Nearly God*, fruit d'un travail collectif qui porte à la fois le nom de l'album et du projet. L'expression « Nearly God » a été trouvée lors d'une interview durant laquelle un journaliste allemand lui demandait « ce que ça lui faisait d'être Dieu, enfin… presque Dieu ». Outre Martina Topley-Bird qui vient de donner naissance à leur fille Mina Mazy, il s'entoure de Terry Hall, Neneh Cherry, Alison Moyet (moitié du duo new wave Yazoo), Cath Coffey du groupe Stereo MC's ou encore Björk, qu'il a rencontrée lors d'une fête chez Nellee Hooper. Après sa participation à Massive Attack, Hooper a produit *Debut* (1993), le deuxième album de Björk, puis travaille sur son prochain, *Post* (1995), pour lequel Tricky signe deux morceaux : « Enjoy » et « Headphones ». Au même moment, Tricky se sépare de Martina, et entame une brève relation amoureuse avec Björk. La chanteuse de « It's Oh So Quiet[104] » fait part de son admiration pour le musicien dans le magazine américain *Ray Gun* : « Je suis fascinée par la manière dont il concentre son attention sur les émotions d'une chanson. Avec lui, ce n'est plus un simple morceau. Il possède

104 L'un des plus grands succès de Björk, sorti sur *Post*.
Il s'agit d'une reprise de « Und jetzt ist es still » chantée en allemand par l'Autrichien Harry Winter, en 1948. Elle fut adaptée en anglais par Bert Reisfeld et interprétée par l'actrice-chanteuse Betty Hutton, trois ans plus tard.

une foi incroyable qui lui permet de rester focalisé sur l'essentiel. Comme de la méditation. Il se fiche qu'il n'y ait aucune logique dans les paroles ou dans la musique. C'est juste une question de croyance. Je le respecte beaucoup pour ça[105]. » Björk interprète « Yoga », aux côtés de Tricky, sur *Nearly God.*

La production de *Nearly God* opte pour le minimalisme, tel « un ensemble de démos brillantes mais incomplètes » selon les termes du musicien. Faisant fi de ses préjugés sur la Britpop, Tricky convie Damon Albarn, chanteur du groupe Blur, à interpréter un titre avant de se rétracter : « C'est le genre de mec qui veut travailler sur un projet pendant des mois, refaire ses voix encore et encore, mais moi je ne travaille pas comme ça[106]. » *Nearly God* a été enregistré en trois semaines seulement, entre Londres et New York. L'album, dont la pochette a été réalisée par la photographe Maï Lucas[107], s'ouvre sur une reprise de « Tattoo » du groupe anglais Siouxsie and the Banshees. Le pressage américain en dévoile deux autres : « Judas » de Depeche Mode et « Children's Story » du rappeur new-yorkais Slick Rick, une chanson que Tricky avait déjà transposée sur l'EP *Pumpkin.* Le musicien ne se contente pas de rendre hommage à des artistes qui l'ont influencé, il dépouille chacun de ces morceaux dans un canevas d'épure et de radicalité, faisant émerger une musique aussi déroutante qu'hypnotique, imperméable aux modes. Avec

105 Jason Cohen & Michael Krugman, « The Madness of King Tricky », *Ray Gun*, 1996.

106 *Ibid.*

107 Maï Lucas a notamment documenté le mouvement hip-hop français depuis sa genèse dans le livre *Hip-hop Diary of a Fly Girl*, publié chez Ofr Editions.

Nearly God, Tricky accouche d'un disque empreint de rudesse et de brutalité. Le musicien note dans *Les Inrockuptibles* : « Tout le monde s'attendait à une version avancée de *Maxinquaye*, à son prolongement logique. À la place, je leur ai filé un disque dur, expérimental. Il ne s'agissait pas de me foutre de la gueule du monde, il s'agissait de rappeler pourquoi j'enregistre des disques : pour découvrir des choses, explorer des zones d'ombre. Pas pour être un petit chien bien dressé. »

En accord avec Island Records, Tricky fonde son propre label, Durban Poison[108], nom d'une variété d'herbe – qui lui permet de se faufiler à travers les rouages du système établi. « J'essaie d'infiltrer l'industrie musicale et la changer de l'intérieur », explique-t-il dans la revue *Touch*[109]. En 1996, Tricky s'installe à New York où personne ne le connaît. Ici, il retrouve DJ Milo, et en profite pour enregistrer avec Grace Jones[110] le mini-disque *Clandestine Affair*. Le soir, Tricky traîne dans les clubs où il fait la connaissance des rappeurs, superstars en devenir, Jay-Z et Sean « Puff Daddy » Combs, qui lui propose de faire un remix de « Hypnotize » de Notorious B.I.G.[111], tout juste assassiné. Ce n'est pas la première fois que Tricky collabore avec des figures du hip-hop

108 Le label lui permet de faire découvrir des artistes émergents, à l'image du groupe anglais Geneside II ou The Baby Namboos, dont fait partie son cousin Mark Porter, mais également Claude Williams, ancien du Wild Bunch.

109 Caspar Melville, « Cover story », *Touch*, 1997.

110 Chanteuse et mannequin née en Jamaïque, qui a été la muse d'Andy Warhol. L'une de ses chansons les plus connues est « Slave to the Rythm ».

111 Rappeur également surnommé Biggie Smalls. Quand son premier album *Ready to Die* est sorti, en 1994, il est devenu une icône du rap new-yorkais à une époque durant laquelle le rap de la côte Ouest dominait la scène hip-hop.

américain. Avant même d'arriver à New York, il avait réalisé un disque avec Gravediggaz, le groupe de RZA, leader du Wu-Tang Clan dont le titre « Tonite Is a Special Nite » apparaît sur le bande originale de *The Crow: The City of Angels* de Tim Pope (1996). À New York, Tricky rencontre aussi, via le label Payday[112], de jeunes rappeurs, inconnus du grand public, comme Roberto Malary Jr, Stephanie Cook ou le collectif Hillfiguz. Il décide de les produire sur la compilation *Tricky Presents Grassroots*, sortie durant l'été 1996. « C'était comme avoir à nouveau 16 ans. J'ai même appris à freestyler avec eux », déclare-t-il fièrement dans *Touch*[113]. Sur ce disque de cinq titres, le musicien participe aussi au projet Drunkenstein, qui réunit trois rappeurs britanniques – Tricky, Rodney des pionniers du rap anglais London Posse, et MC Mello – et trois américains – Roc, Storm et Papa D, pour un résultat intitulé « Tricky Kid », où le producteur raconte son histoire de môme devenu vedette.

« They used to call me Tricky Kid
I live the life they wish they did
I live the life, don't own a car
Now they call me superstar [...]

112 Label New Yorkais qui a signé Jay Z, Mos Def, DJ Premier ou Guru de Gang Starr.

113 *Op. cit.*

And everybody wants a record deal
And everybody just wants to be like me I'm naked
and famous[114]. »

NE JAMAIS SE COMPROMETTRE :
L'EXEMPLE BONO

La chanson « Tricky Kid » amorce la sortie de *Pre-Millennium Tension,* à la fin de l'année 1996. Un disque brut, enregistré en Jamaïque, terre de ses ancêtres, où Tricky reste six semaines. Avec Martina et sa fille – les deux anciens amants sont restés proches, unis par la musique et leur enfant –, il se rend à Ocho Rios, sur la côte nord du pays, dans l'un des studios les plus miteux de la ville. Toujours le même leitmotiv : ne jamais tomber dans le confort. Dans son autobiographie, il déclare : « La Jamaïque me rappelle que je ne fais pas de la musique pour l'argent. Island Records m'a dit que je pouvais faire ce que je voulais, c'est ce que j'ai fait. En Angleterre, ton ego est flatté tout le temps. À Londres, en studio, tu peux demander que l'on te fasse une tasse de thé, qu'on t'apporte de la nourriture ou qu'on te roule un spliff, ce sera fait. Mais si je demande ça en Jamaïque, on me traitera d'enfoiré et on me dira de le faire moi-même. »

Quand il arrive en studio, Tricky n'a rien prévu et se laisse guider par son instinct. La preuve avec « Ghetto Youth » où Sky,

114 « Ils m'appelaient Tricky Kid / Je vis la vie qu'ils souhaitent / Je vis ma vie, je n'ai pas de voiture / Maintenant ils m'appellent *superstar* […] Tout le monde veut un contrat / Tout le monde veut me ressembler, je suis nu et célèbre. »

le garçon qui cuisine du riz au poisson au coin de la rue, se retrouve derrière un micro pour raconter, pendant près de six minutes, son enfance dans la banlieue de Kingston, les règlements de comptes à coups de flingues, et les espoirs qu'il fonde sur le ghetto et sa jeunesse « bénie des Dieux[115] ». De l'album sombre qu'est *Pre-Millenium Tension* émerge « Makes Me Wanna Die », joyau soul porté par la voix de Martina. Libéré des canons, Tricky évoque son amour du hip-hop à travers deux reprises : « Bad Dreams » de Chill Rob G, rappeur du New Jersey, dont le producteur admire le *flow*, et « Lyrics of Fury » où Martina expulse les mots du rappeur Rakim, en un souffle, déployant ainsi toute leur ampleur sur une boucle paranoïde. Influence hip-hop aussi sur « My Evil is Strong » où Tricky sample le groupe Smif-N-Wessun, originaire de Brooklyn, et sur « Vent », quand il cite : « Don't push me 'cause I'm close to the edge », une phrase extraite de « The Message » de Grandmaster Flash and the Furious Five[116], l'un des premiers morceaux majeurs du hip-hop. Pendant qu'il enregistre son album, Tricky apprend que Bono, chanteur de U2, se trouve également en Jamaïque. Il souhaite que Tricky produise son nouvel album, *Pop*. Les deux artistes partagent le même label, Island Records. La rencontre entre Bono et l'auteur de *Maxinquaye* est alors organisée par

115 Dans le texte : « You a god blessed picnee » (« Vous êtes des enfants bénis des Dieux »). *Picnee* signifie « enfants », en patois jamaïcain.

116 Grandmaster Flash est considéré comme un des pionniers du hip-hop. Il est l'inventeur de techniques comme le *cutting* qui permet de créer la rythmique du scratch en coupant et en remettant le son. Grandmaster Flash est aussi réputé pour scratcher avec ses pieds et ses orteils.

Chris Blackwell à Ocho Rios. Si Tricky n'a jamais été un grand fan de U2, il admet, malgré tout, apprécier certaines de leurs chansons. Lorsqu'il écoute les premières maquettes de *Pop*, il les trouve excellentes et ne voit pas comment les rendre meilleures. Bono argumente, lui propose d'ajouter des beats plus modernes. La musique du moment s'appelle la *dance music* et U2 ne veut pas rester sur la touche. Le budget est énorme, des millions de dollars, mais Tricky refuse de collaborer. *Pop* sort le 3 mars 1997, produit finalement par Flood[117], Howie B et Steve Osborne[118]. Verdict du musicien de Bristol : « Ils ont tout gâché. » Une autre popstar souhaite rencontrer Tricky. Il s'agit de Madonna. Seulement, le musicien comate au lendemain d'une soirée trop arrosée et n'arrive pas à sortir de son lit. Le rendez-vous est manqué. Pas de regrets pour Tricky qui se demande ce qu'il aurait pu apporter à la reine des *charts*, lui qui les déteste tant.

LES ANNÉES DÉFONCE

Après les années vertigineuses qui ont accompagné le succès de *Maxinquaye*, Tricky plonge dans un tourbillon de défonce et de désordre : « Le succès de mon premier album a semé le

117 Nom d'artiste du producteur anglais Mark Ellis qui a collaboré avec New Order et Nick Cave.

118 Producteur de musique qui a travaillé avec les groupes phares de Manchester, tels que New Order et Happy Mondays.

trouble dans ma tête[119] », concède-t-il. « Je buvais constamment, je prenais plein de drogues. Il n'y a ni structure ni routine dans ce milieu. Pour rester sain, il faut rester dans la simplicité, aller à l'essentiel, ou tu te perds dans le vide. » Son troisième album sorti sous son nom, *Angels with Dirty Faces*, qui emprunte son titre à un film de Michael Curtiz avec Humphrey Bogart sorti en 1938, a des airs de dépression à ciel ouvert. Publié en mai 1998, il a été enregistré entre New York et La Nouvelle-Orléans. Sévèrement accro, le musicien se dope en studio au peyotl, un petit cactus d'origine mexicaine qui provoque des hallucinations. L'expérience lui inspire « Peyote Sings », un dialogue fictif dans lequel il tacle un journaliste qui lui reprochait de mal s'occuper de sa fille[120]. Il en profite pour lâcher quelques piques sur l'industrie musicale, thème qui l'obsède. Dans « Record Companies », il reproche aux maisons de disques de profiter des meurtres de rappeurs pour gagner de l'argent :

> « Record companies love it when them kill themselves
> It boost up the record sales[121]. »

119 Valentin Dauchot, « Tricky, âme damnée du trip-hop », *La Libre Belgique*, 2020.

120 En 1996, un journaliste écrit dans *The Face* : « Autour de Martina Topley-Bird, se crée une distance qui pourrait être prise pour de l'arrogance, de la timidité, ou de la fatigue liée au fait d'élever un enfant plus ou moins seule. » Cette dernière partie de la phrase contraria profondément Tricky.

121 « Les maisons de disques adorent lorsqu'ils [les rappeurs] se tuent / Ça booste les ventes. » Tricky reproche à l'industrie musicale de glorifier les icônes plutôt que les talents.

Tandis que dans « Money Greedy », il dénonce un milieu égocentrique, dénué de respect :

« I guess it's strictly business
Remember we used to sit in the brits
Never won any awards
That's not what we used to look towards
Money greedy[122]. »

Tricky parle-t-il, ici, de la cérémonie des Brit Awards 1998 où Finley Quaye[123] vient de remporter la révélation de l'année ? « Ça pourrait », rapporte-t-il dans le magazine *The Face*[124], toujours remonté contre le musicien écossais qui clame, à tort, être son oncle[125]. En réalité, Tricky s'adresse ici à Massive Attack : « J'ai produit deux chansons sur cet album [*Protection*], qui les a aidés à gagner un Brit [*pour Best Dance Act en 1994*]. Lorsqu'ils sont passés devant la table après avoir reçu le prix, ils ne m'ont même pas dit bonjour. C'est bizarre ! Quelqu'un qui produit votre merde et vous ne dites pas bonjour ! Je me fous de gagner un prix, je ne veux pas que tu dises "Merci Tricky", mais quand je te connais depuis dix ans, tout ce que je demande c'est un

122 « Je suppose que c'est juste du business / Rappelle-toi des Brit Awards / Jamais gagné de prix / Ce n'est pas ce que nous envisagions / La cupidité. »

123 Musicien écossais, auteur de l'album *Maverick a Strike*, récompensé par un Brit Award, en 1998.

124 Craig McLean, « The Mad Father », *The Face*, 1998.

125 Finley Quaye affirme être le demi-frère de la mère de Tricky, ce que ce dernier conteste. Il lui a répondu dans une chanson, « Can't Freestyle », qui devait apparaître sur *Angels with Dirty Faces*, avant d'être retirée de la tracklist.

clin d'œil ! Je suis un pote ! Un pote ! » Si la colère imprègne *Angels with Dirty Faces*, l'album se démarque aussi par la douceur de la voix de la chanteuse PJ Harvey sur « Broken Homes », un gospel gothique écrit spécialement pour elle. Comme toujours, les idoles de Tricky le hantent, comme Slick Rick, dont il reprend « The Moment I Fear ». Chacun des disques de Tricky interpelle, tant pour ses qualités musicales que pour le cap qu'il fait passer à l'artiste. *Angels with Dirty Faces* est un tournant dans son anti-carrière. Après l'enregistrement, Tricky est épuisé. Dans la chanson « Tear Out My Eyes », il écrit même « I wanna blow my head off in Seattle[126] », se référant au chanteur de Nirvana, Kurt Cobain, retrouvé mort par balle dans sa maison. S'il n'est pas suicidaire, Tricky admet que, durant cette période, l'idée de sauter d'une fenêtre lui a traversé l'esprit. Non pas pour se tuer, mais pour se blesser, tel un appel à l'aide. Trop de gloire, trop de stress, trop de came. Conscient de son mal-être, il se rend aux urgences. En quelques secondes, le médecin lui livre son diagnostic : il est atteint de candidose[127], une maladie qui se manifeste, dans son cas, par des taches blanches sur la langue et affecte sa santé mentale.

126 En français, « Je veux me faire sauter la tête à Seattle ».

127 Maladie due à un champignon qui vit dans le tube digestif, les muqueuses de la bouche ou sur la peau. Passant souvent inaperçue, cette infection induit une faiblesse du système immunitaire à long terme. Parmi les effets, la candidose favorise la dépression, l'irritabilité, les sautes d'humeur, des difficultés de concentration.

NOUVELLES HABITUDES, NOUVELLE VIE

Tricky se met au tai chi et modifie son régime alimentaire : terminé le pain, le sucre et le lait. En tournée, il fait venir un chef cuisinier pour préparer ses repas. Six semaines plus tard, il se sent mieux, mais la fureur demeure. En 1998, toujours, il sort le titre très énervé « Divine Comedy », en réaction aux propos racistes tenus par le président de Polygram, Eric Kronfeld, dont fait partie Island Records. Celui-ci avait déclaré que « si l'industrie musicale refusait d'employer des Noirs avec des casiers judiciaires, aucun Noir ne sortirait de disque ». Ironie du sort, le titre sort chez… Island Records. La même année, Chris Blackwell vend les parts de son label qu'il a créé en 1959. Island fusionne avec Def Jam et devient Def Jam Island Records, filiale d'Universal. Après le départ de son mentor, les relations entre Tricky et la maison de disques se distendent. Le musicien est convoqué par l'un des nouveaux managers qui lui propose de réfléchir à sa fan-base « noire ». Un projet qui déplaît à l'artiste qui refuse tout communautarisme. Seulement, il doit encore un album à Island Records : ce sera *Juxtapose*, qui sort en 1999.

Après l'échec critique et commercial d'*Angels with Dirty Faces*, le producteur dirige sa musique vers un registre beaucoup moins rugueux qu'à son habitude. Quand certains l'accusent d'avoir pris un tournant trop commercial, il tempère dans *Les Inrockuptibles* : « Parfois, j'ai l'impression de me frapper la tête contre les murs. J'aime vraiment faire de la musique neuve, mais personne ne semble en vouloir. C'est comme si je devais tout recommencer. Je veux que les gens écoutent des choses comme *Angels with Dirty Faces*, des choses différentes. Mais il est temps que je touche un public plus large. Je tends donc une sorte de piège, comme une araignée qui tisse sa toile : je dois faire quelque chose de plus traditionnel, pour attirer plus de gens. Mais dès le prochain album, je vais repartir vers des choses beaucoup plus personnelles[128]. » Pour réaliser *Juxtapose*, il s'entoure de DJ Muggs du groupe Cypress Hill[129] et de Grease, producteur de Ruff Ryders et de DMX. Avec cet album, Tricky affiche la volonté de jeter un pont entre le hip-hop anglais et américain, comme il l'explique dans son autobiographie : « Pour faire du hip-hop, j'avais besoin d'un producteur de hip-hop. J'ai commencé en tant que rappeur mais ensuite, j'ai fait du *spoken word*, donc personne ne m'a vraiment considéré comme un rappeur. » *Juxtapose* est le premier disque sans Martina Topley-Bird qui, de son côté, prépare le sien[130]. Désormais, les compositions de Tricky sont servies par les voix de la chanteuse Kioka Williams, du rappeur américain Bob Khaleel et de l'Anglais Mad Dog, un MC que le producteur de Bristol compare à Slick Rick. Après l'épisode *Angels with Dirty Faces* qui l'a plongé, durant des mois, en plein délire paranoïaque, le

128 Alexis Bidault, « Tricky, premier de cordée », *Les Inrockuptibles*, 1999.

129 Groupe formé en 1986 en Californie par les rappeurs Sen Dog, Mellow Man Ace, Muggs et B-Real. Leur premier album, *Cypress Hill*, est sorti en 1991. Il est considéré par le magazine américain de hip-hop *The Source* comme l'un des 100 meilleurs albums de rap. La musique de Cypress Hill fusionne hip-hop, soul et musique latine.

130 Son premier album, *Quixotic*, est sorti en 2003. On y trouve le titre « Ragga » écrit avec Tricky.

musicien entend prendre de la hauteur. Dans « For Real », le titre qui ouvre l'album, il contemple toujours le grand cirque de l'industrie musicale, mais avec moins de rage et plus de sérénité : « Some of those people have to live that life, for real / I don't have to, I got a record deal / For real, you heard, I chill and smoke herbs.[131] » Même chose dans « Contradictive » où il exige de l'auditeur qu'il « réfléchisse à sa vie » avant d'ajouter que ce n'est pas « l'argent qui donne du pouvoir ». Sur cette chanson, il sample les percussions de « Watching You Without Me » de Kate Bush, chanteuse américaine pour qui il évoque son admiration dans le magazine allemand *Visions* : « Kate Bush vous amène ici [*il touche son cœur*] et ici [*il empoigne son estomac*]. J'ai écouté ce morceau partout : au lit, dehors, en fumant de l'herbe[132]. » « Wash My Soul », dont le clip reprend un film du photographe et réalisateur Stéphane Sednaoui, interpelle par son climat vaporeux aux rythmes ingénieux. L'apparente douceur des morceaux malgré des textes souvent noirs ou crus, à l'exemple de « I Like the Girls », fait le sel de *Juxtapose*, un disque qui assume sans honte son format de chanson aux mélodies construites et aux émotions directes. Ce disque, déclare Tricky dans *Libération*, « c'est [s]on Amérique à [lui] », avant de rappeler qu'aux États-Unis, il faut lutter pour exister en tant que musicien : « En Angleterre, j'évoluais dans un monde de pop-stars, de clubbers, de mannequins, de vedettes de cinéma

131 « Certaines de ces personnes ont besoin de vivre cette vie, pour de vrai / Moi non, j'ai un contrat / Pour de vrai, vous avez entendu, je me détends et fume de l'herbe. »

132 Robert Baumanns, « Lieblingsmusik », *Visions*, 1999.

et de producteurs. Rien n'était authentique. Londres est finalement un tout petit endroit, où il est facile de se prendre pour le maître du monde, au risque de perdre toute ambition[133]. » À cela s'ajoute une nouvelle difficulté à venir : après la sortie de *Juxtapose*, Tricky est libéré du contrat qui le liait à Island Records, mais à force d'expérimenter, en multipliant les cibles et les angles de tir, il peine à retrouver une maison de disques au Royaume-Uni.

TRICKY CHEZ WALT DISNEY

Après avoir rejoint brièvement le label punk américain Epitaph, pour qui il enregistre le maxi *Mission Accomplished*, Tricky signe *Blowback* (2001), son nouvel album, chez Hollywood Records, une filiale de Walt Disney. Un choix qui peut étonner, mais que le musicien assume dans l'émission *Tracks* : « On a tous cette image coincée de Walt Disney, mais ce sont des gens normaux qui font des trucs normaux. Ils sont cools. Ils ont adoré la pochette sans me demander de la changer. » Réalisée par le photographe Anton Corbijn, la pochette représente Tricky en train de faire une *blowback*, autrement dit, une soufflette[134]. Le terme désigne une pratique consistant à projeter de la fumée dans la bouche de quelqu'un pendant que l'autre tient un joint

133 Gilles Renault, « Tricky parle musique et argent », *Libération*, 1999.

134 « Blowback » désigne aussi les conséquences imprévues et les effets secondaires indésirables d'une opération secrète. Il s'agit d'un terme utilisé par la CIA.

à l'envers entre les dents. Fumer de l'herbe, déclare-t-il dans son autobiographie, a toujours fait partie de son processus créatif. Quelques années après sa sortie, le musicien admet avoir fait *Blowback* pour l'argent. Un choix qui n'entache en rien la qualité du disque dirigé vers une pop qu'il ambitionne de révolutionner. Mais cette fois, il veut chanter le moins possible. Fatigué de sa propre voix, il veut s'orienter vers une nouvelle direction. Il multiplie les collaborations, avec des artistes peu connus comme le *toaster* new-yorkais Hawkman, rencontré dans un *sound system*, et d'autres d'une plus grande notoriété, comme Cyndi Lauper et Alanis Morissette. Cette dernière, qui a vendu plus de 30 millions d'exemplaires de son troisième album *Jagged Little Pill* (1995), se souvient de l'enregistrement de *Blowback* dans le magazine *Q* : « Je suis arrivée au studio et rien n'était écrit donc on a travaillé sur place. C'est un homme très drôle. » Tricky signe également deux titres avec les Californiens Red Hot Chili Peppers (« Girls » et « #1 Da Woman »). Portées par le single « Evolution Revolution Love », interprété avec Ed Kowalczyk du groupe Live[135], les ventes de *Blowback* sont satisfaisantes et les critiques, excellentes. L'album a été enregistré à Los Angeles où Tricky a loué un appartement durant quelques mois. Alors qu'il est en pleine promotion, le musicien se réveille le 11 septembre 2001 et assiste, comme le monde entier, aux attentats les plus meurtriers de l'Histoire, commis par l'organisation djihadiste Al-Qaida. Deux avions percutent les

135 Groupe formé en Pennsylvanie qui a connu le succès avec l'album *Throwing Copper* (1994), vendu à huit millions d'exemplaires dans le monde.

deux tours du World Trade Center, à New York, un troisième s'écrase sur le Pentagone et un quatrième, qui semblait viser le Capitole ou la Maison Blanche, se crashe dans une zone boisée de Shanksville, en Pennsylvanie. 2977 personnes périssent. L'ambiance est sinistre. Tricky ne revient pas à New York. Il reste à Los Angeles et y emménage. Puis il part en tournée, un an et demi après la dernière. Pour assurer sa sécurité, il embarque son oncle, Tony Guest, un vigile à l'allure de gangster – ou bien un gangster camouflé en vigile – qui a fait ses armes aux portes des clubs de Manchester.

UNE TENSION SCÉNIQUE

Sur scène, habité par une tension intérieure, Tricky tourne souvent le dos au public : « Je ne suis pas un *performer*, explique-t-il à *Libération*. Je ne chante pas, ni ne danse, alors j'ai besoin de me recentrer sur moi-même. Chose que je ne pourrais pas faire si je me mettais face au public. » Alors, quand Beyoncé l'invite à chanter un couplet de « Baby Boy » avec elle à Glastonbury en 2011, l'exercice s'avère compliqué. L'idée de départ vient de l'un des danseurs de la reine de la *pop music*, fan de Tricky. Une proposition qu'il décline d'abord, non parce qu'il n'a pas envie de travailler avec elle, mais car les *shows* ultra calibrés ne l'intéressent pas. Seulement, son manager insiste si bien que Tricky accepte. Une fois sur scène, il prend le micro mais, paralysé par la fumée et les effets de lumière, aucun son ne sort de sa bouche. Devant lui, 135 000 personnes. Beyoncé, professionnelle, rattrape le coup et chante à sa place. Il dira que le micro ne fonctionnait pas, n'osant pas admettre qu'il était, en réalité, terrorisé. Malgré cette mésaventure, le musicien garde un bon souvenir de Beyoncé, « une fille simple ». Ses chansons à lui trouvent leur forme scénique dans des concerts qui cristallisent ferveur et fureur. Aux titres qui ont fait sa renommée, il préfère la nouveauté, ne rejouant que rarement ceux de ses débuts. La salle, elle, est plongée dans le noir : « Je ne monte pas sur une scène pour rouler du cul, ni pour jouer les rock-stars, plaide-t-il. J'expose mon âme, et pour ça, nul besoin de montrer mon visage dans des lumières éclatantes. Il suffit d'écouter. D'autant que la pénombre peut parfois se révéler bien plus révélatrice. » Et lorsque le son ne lui convient pas, il s'en va, comme en 1999 à l'Élysée-Montmartre après vingt minutes de concert : « Je ne vais pas faire semblant que tout va bien. Autant tout écourter. » Intransigeant, Tricky assume son refus de la séduction. Chacune de ses performances demeure une expérience unique, creusant le sillon d'un art sans borne, aussi revêche que sensuel.

CHAPITRE 4

DE LOS ANGELES À PARIS

POUR L'AMOUR DE THE CURE

Depuis son enfance, Tricky a pris des coups, en a donné, mais il s'en est toujours sorti avec un flair et un sens de la rédemption impressionnants. Les nombreux tatouages qui recouvrent son corps témoignent des étapes d'une vie passée à parcourir le monde en vagabond solitaire. En 2003, un an après la sortie de son best-of *A Ruff Guide*, il publie *Vulnerable*, un album « honnête et ouvert » selon ses termes, où sa plume, sèche, écorche sa timidité. Des chansons comme « Antimatter » et « Stay » plaident pour sa quête de luminosité ; d'autres, comme « Car Crash » ou « Hollow », murmurées avec la chanteuse italienne Constanza Francavilla, révèlent une douceur sous laquelle vibre une veine beaucoup plus sombre. Un univers qui lui vaudra, d'ailleurs, le surnom de « Prince of Darkness[136] ». Dans sa reprise de la chanson « The Love Cats » du groupe The Cure, il ne reste plus que la mélodie, greffée sur une ligne de basse. « Par rapport à l'original, ma version est carrément *dark* », précise le musicien au magazine allemand *Gaesteliste*. « The Cure est le groupe parfait. Des paroles comme "We should have each other to dinner

136 « Le Prince des ténèbres. »

/ We should have each other to tea[137]" ou "We're so wonderfully pretty / You know that I'd do anything for you[138]" me soufflent vraiment. C'est pour ça que je voulais reprendre la chanson. »
Entre Tricky et Robert Smith, l'admiration est mutuelle. Lorsque le chanteur de The Cure reçoit un prix d'honneur remis par le magazine *Q*, il choisit le musicien de Bristol pour le lui remettre.

LOS ANGELES OU LA CULTURE DES ARMES

À Los Angeles, où *Vulnerable* est enregistré, Tricky s'installe dans le quartier de Venice Beach. Pour la pochette de l'album, il se photographie dans son appartement devant la fresque qu'une fille lui a dessinée. Mais il tourne en rond et n'est plus motivé. Le musicien regrette le temps où il était signé chez Island Records, sous l'égide de Chris Blackwell. Après *Vulnerable*, il n'arrive plus à écrire, s'enfonce dans la ville du rêve, ses pièges et ses labyrinthes. Il sort beaucoup, s'achète des flingues[139]. Pouvoir se défendre est une responsabilité individuelle ancrée dans la culture américaine. Et puis, un jour, la catastrophe : « J'avais une arme sous mon lit. C'était un Uzi [un pistolet-mitrailleur

137 « Nous devrions dîner ensemble / Nous devrions prendre le thé ensemble. »

138 « Nous sommes si beaux / Tu sais que je ferais n'importe quoi pour toi. »

139 Le deuxième amendement de la Constitution des États-Unis garantit le droit au port d'armes. En 2021, 18 millions d'armes ont été vendues et le secteur a généré plus de 70 milliards de dollars de revenus, selon les calculs de la NICS Firearms Checks. Les fabricants d'armes ont produit plus de 139 millions d'armes à destination du commerce sur les vingt dernières années, selon un rapport du ministère de la Justice publié mardi 17 mai 2022. La production a triplé depuis 2000.

semi-automatique]. Ma femme de ménage venait chez moi avec ses enfants ; malheureusement, l'un d'entre eux a trouvé l'arme et l'a utilisée. À ce moment-là, j'étais dans un restaurant, donc j'ai pu prouver que je n'avais pas tiré moi-même[140]. » Hélas, les balles transpercent les murs de son appartement et traversent le salon du voisin, heureusement sans faire de victimes. À Los Angeles, Tricky découvre aussi le monde des paparazzi, comme un matin où, au réveil, il est assailli par des photographes qui se trouvent en bas de chez lui. L'un d'entre eux lui demande s'il a bien joué au billard dans un club de Bristol avec Samantha Cameron. La femme de David Cameron, futur Premier ministre du Royaume-Uni (de 2010 à 2016) et à l'époque chef du Parti conservateur, prétend avoir traîné avec l'enfant de Knowle West. Lui l'a oubliée. C'est du moins ce qu'il avance, toujours dans le *Guardian* : « Je ne me souviens pas d'elle, pour être honnête. Je pense que c'est juste pour faire genre : "Je suis une fille riche mais je connais des gens qui viennent de la rue." Je n'aime pas ça. Si ce genre de personnes pouvaient se servir de moi pour monter des MJC ou autre chose, ce serait bien, mais se réclamer de mon nom, c'est faible. »

EXPÉRIENCES SUR GRAND ÉCRAN

Dans la Cité des Anges, Tricky évolue au sein d'un nouveau domaine : la musique de cinéma. Il compose notamment la

140 Tim Adams, « I can still be really dark in my mind », *The Guardian*, 2010.

bande originale de la série *CSI : Crime Scene Investigation*[141], produite par Jerry Bruckheimer. Ce dernier propose au musicien de passer devant la caméra pour interpréter la chanson « Breakaway » dans le film *Bad Company* de Joel Schumacher (2002), avec Anthony Hopkins. Ce n'est pas la première fois que Tricky fait l'acteur. Déjà, en 1997, il tient le rôle d'un méchant garçon à la solde de Gary Oldman dans *Le Cinquième Élément*, la superproduction de Luc Besson avec Bruce Willis. Durant le tournage, il n'arrive pas à se mettre au service du réalisateur : « C'était horrible. Je me sentais comme à l'école. On te donne des ordres et on te dit exactement ce que tu dois faire, t'as un emploi du temps chiant. Mais je l'ai fait parce que d'où je viens ce genre d'occasion ne se présente pas tous les jours, il ne fallait pas cracher dessus[142] », affirme-t-il à *Vice* avant d'assurer à *Libération* : « Tourner, c'est un putain de boulot, pas comme faire de la musique. Si je ne suis pas bon, si mon jeu n'est pas au niveau de ma musique, je n'en ferai jamais plus [du cinéma][143]. » Visiblement satisfait, le musicien réitère cinq ans plus tard, en apparaissant dans le clip *Parabola* du groupe Tool[144] (2002), puis dans *Clean* d'Olivier Assayas (2004) où il joue son propre rôle. « Olivier n'a pas eu à me convaincre. Je l'avais rencontré

141 *Les Experts*, en français.

142 Yérim Sar, « Rassurez-vous, Tricky est toujours capable de s'énerver », *Vice*, 2014.

143 Alexis Bernier, « Tricky tourne la page trip-hop », *Libération*, 1996.

144 Groupe de métal progressif américain originaire de Los Angeles, formé en 1990 par le chanteur Maynard James Keenan, dont Tricky a toujours « admiré la voix », comme il le confiait dans une interview donnée à MTV en 1997.

plusieurs fois et je l'ai aimé tout de suite, c'est un mec simple, pas du tout hollywoodien. C'est un réalisateur "alternatif" comme je suis un musicien "alternatif". Comme moi, Olivier a aussi profité d'une ouverture pour se faufiler. Son cinéma est aussi difficile à décrire que ma musique peut l'être. Je ne suis peut-être pas le meilleur musicien sur terre, mais je suis certainement le plus sincère. Lui, c'est pareil pour le cinéma[145]. » Ces expériences sur grand écran lui donnent envie de se lancer, à son tour, dans la réalisation. L'occasion se présente grâce à Brown Punk, le label qu'il vient de créer avec Chris Blackwell et qui sera actif jusqu'en 2013. Lorsque la compilation *Tricky Presents Brown Punk* sort en 2008, il réalise, dans le même temps, un documentaire pour mettre en avant les différents artistes qu'il vient de signer : The Dirty, The Gospel, Laid Blak, My Black Heart Machine... Brown Punk est un projet qu'il décrit comme « un mouvement positif où l'on trouve des intellectuels se mélangeant à la classe ouvrière, du rock se mêlant au reggae et de l'indie à l'emo ». Tourné entre l'Écosse, l'Angleterre et les États-Unis, le film s'inspire de *The Office*, la série qui met en scène le quotidien des employés de bureau d'une société de vente de papier. Pas de scénario, mais des personnages : Tricky qui essaie de trouver de l'argent pour monter le label, sa grand-mère, ses amis, ses artistes, des *kids* non professionnels, et même l'acteur Elliott Gould, connu pour avoir interprété le capitaine John McIntyre dans *MASH* de Robert Altman (1970). Depuis, Tricky réalise la plupart de ses clips.

145 Stéphanie Binet, « Assayas, un "alternatif" comme moi », *Libération*, 2004.

RETOUR AUX SOURCES

2008 est aussi l'année où Tricky change, à nouveau, de maison de disques. Terminé Hollywood Records, direction Domino, qui a vu éclore Franz Ferdinand, Arctic Monkeys et The Kills. C'est sur ce label indépendant que sort *Knowle West Boy*, le septième album de Tricky. Si sa famille réside toujours à Bristol, cela fait longtemps que lui l'a quittée. Pourtant, son nom en demeure indissociable. Son quartier, Knowle West, « a inspiré [sa] musique », admet-il sur le plateau de *La Musicale*, en 2008 avant d'ajouter, quelques années plus tard, à *Libération* : « Je n'ai jamais cherché à oublier Bristol, j'y vais souvent, mais les gens ne m'y voient pas[146]. » Laurence Bell, le fondateur de Domino, propose à Tricky de faire venir Bernard Butler, l'ex-guitariste et compositeur de Suede. Les deux artistes se retrouvent donc en studio à Londres pour travailler ensemble sur la production, mais lorsque Tricky écoute les sessions, il ne garde rien du travail de Butler et déclare dans le webzine *Brooklyn Vegan* : « Auparavant, je n'avais jamais travaillé avec un coproducteur. Je voulais essayer, je voulais voir ce que ça allait donner. C'était un fiasco, alors je suis rentré chez moi, j'ai tout refait et je l'ai fait sortir du *deal*, mais il a quand même insisté pour être crédité sur l'album. Il était prêt à me poursuivre en justice. » *Knowle West Boy* relève autant du rock que du blues et du ragga, comme dans « Veronika », une reprise du groupe italien

146 Charline Lecarpentier, « Tricky : "Maintenant, il est temps de raconter mon histoire" », *Libération*, 2016.

Subsonica interprétée par sa chanteuse, Veronika Coassolo. Le disque est un retour aux sources où Tricky plonge au cœur de ses souvenirs : logements sociaux, gangsters et adolescence. Narrateur hors pair des gouffres noirs et des abîmes du temps, le voici contant également une histoire d'amour dans « School Gates » :

> « I used to wait for her outside the school gates,
> She's fifteen and pregnant, I guess it's too late,
> I guess I'm too young, but I do what I can
> She gave birth at fifteen, said the baby's not mine
> So I get ahead in life, and get ahead in crime[147]. »

Ce titre va avoir une incidence considérable sur sa vie. Il relate là une histoire d'amour qu'il a eue lorsqu'il avait 17 ans. Sa petite amie d'alors, enceinte, lui avait dit que le bébé n'était pas de lui. Ce n'est que vingt-trois ans plus tard, lorsqu'elle écoute la chanson, qu'elle décide d'éclaircir le passé. Tricky est bel et bien le père de cette enfant, devenue jeune femme et prénommée Stacey. Il l'apprend, un soir, avant de monter sur scène. Si l'annonce confirme la sensation qu'il avait toujours eue, les tests ADN en apportent la preuve. Tricky, qui vient de déménager à Paris, et sa fille, qui vit en Angleterre, reprennent contact et se voient régulièrement.

147 « Je l'attendais devant les portes de l'école / Elle a 15 ans et elle est enceinte, je suppose qu'il est trop tard / J'imagine que je suis trop jeune, mais je fais ce que je peux / Elle a accouché à 15 ans, dit que le bébé n'est pas de moi / Je m'en sors dans la vie, et je m'en sors dans le crime. »

En juin 2008, Tricky vient se produire dans la capitale française pour faire la promo de *Knowle West Boy*. En se promenant dans les rues, il est subjugué par la beauté de la ville et décide, sur un coup de tête, de quitter Los Angeles. « Paris est une ville bien plus agréable à vivre que L.A. Là-bas tout est trop speed. L.A. n'est qu'une grande et grosse fête qui ne s'arrête jamais. Surtout si tu bosses dans l'industrie du disque. Ta vie sociale se résume à faire du shopping, manger au resto ou aller en boîte. Les gens ne se rencontrent pas autrement. Tu ne les vois jamais marcher en ville, ils sont soit dans leurs voitures soit dans les magasins. Tu finis par trouver ça chiant à mourir. À Paris ce n'est pas le cas », raconte le musicien au webzine *Parlhot*[148]. Ici, il devient résident du 104. Installé dans le 19e arrondissement, un quartier populaire souvent associé au crack et au taux de chômage élevé, l'établissement cultive la mixité sociale et entend mélanger les gens et les genres. Après avoir inauguré le lieu ouvert en 2008 avec un concert, Tricky en devient l'un des artistes résidents. Il ouvre les portes de son studio aux habitants qu'il démarche directement dans la rue, et met en place « Can't You See Us », un projet d'album inspiré par la diversité culturelle de ce coin du nord de Paris. « Je ne voulais pas faire passer d'auditions, explique le chanteur dans *Le Monde*, je voulais rencontrer des gens, pas des "artistes", montrer qu'on peut créer sans le biais de l'enseignement classique[149]. » Si l'album n'a pas vu le jour, des clips musicaux

148 Sylvain Fesson, « Tricky "Mixed Race" », *Parlhot*, 2011.

149 Stéphane Davet, « Tricky, travailleur social du 104 », *Le Monde*, 2009.

tournés dans l'enceinte du 104 sont visibles sur Internet. En habitant à Paris, Tricky se rapproche de ses filles, Stacey mais aussi Mina Mazy, qui étudie en Angleterre et se rend souvent à Bristol pour voir sa famille. Depuis le départ de Tricky dans les années 1990, la ville, longtemps négligée par les médias, est désormais reconnue comme l'une des plus créatives d'Europe. Au début des années 2000, Banksy devient une vedette du *street-art*. Il sévit à coups de pochoirs sur les murs du monde entier, tout en protégeant une identité que tous les habitants semblent connaître, mais dont le secret reste bien gardé. Les nombreuses enquêtes visant à le démasquer ont fait grimper sa cote, amplifiant l'intérêt du monde de l'art, au sens financier du terme. D'autres figures du graffiti sont originaires de Bristol : Inkie, célèbre pour ses profils de femme aux longs cheveux bruns, Nick Walker, connu par son personnage du Vandale, mi-hooligan, mi-gentleman, et 3D, dont Banksy dira qu'il l'a inspiré. Le leader de Massive Attack et l'artiste sans visage affichent une amitié de longue date. En 2010, le premier apparaît dans le documentaire du second, *Faites le mur*. Cinq ans plus tard, Banksy signe la préface du livre *3D and the Art of Massive Attack*, sur l'histoire visuelle du groupe qui a connu, depuis le départ de Tricky, plusieurs changements. Andrew Vowles alias « Mushroom », adepte de soul et de hip-hop, a claqué la porte en 1999, après la sortie de *Mezzanine*, en raison de désaccords avec 3D. Grant Marshall alias « Daddy G » s'éloigne également, sans pour autant quitter la formation : il veut prendre du temps pour s'occuper de ses enfants. En 2003, quand sort *100th Window*, le quatrième album du groupe, 3D est seul à la tête du projet. Daddy G revient quelques années plus tard, et le groupe sort en 2010 son cinquième album, *Heligoland*. Des invités prestigieux y sont conviés : Damon Albarn, la chanteuse Hope Sandoval de Mazzy Star ou encore Martina Topley-Bird dont 3D et Daddy G admirent la voix. « Nous avons toujours pensé qu'elle était incroyable, mais diplomatiquement nous ne l'avions jamais vraiment approchée à cause de la situation avec Tricky », confesse Daddy G à la BBC. Depuis son départ de Massive Attack, Tricky n'adressait plus la parole à 3D, mais la situation a changé. En 2009, ils se voient à Paris, se réconcilient et décident de retravailler ensemble. Il faut attendre 2016 pour découvrir la nature de ce projet : un maxi quatre titres nommé *Ritual Spirit* sur lequel se trouve « Take it There », un morceau qui scelle les retrouvailles de 3D et Daddy G avec Tricky. La chanson, aux mélodies planantes, aurait été conçue durant l'été 2012. Le clip a pour atmosphère un décor vaporeux et anxiogène, où des ombres suivent un homme possédé par ses démons. Le 1er juillet 2016, à Londres, Tricky interprète le titre aux côtés de Massive Attack, lors d'un festival à Hyde Park. C'est la première fois depuis plus de vingt ans qu'ils apparaissent ensemble sur scène.

LES RENCONTRES DU HASARD

À Paris, Tricky enregistre son huitième album, *Mixed Race*, qui signifie « métis ». Le disque, sorti en 2010, est décrit par le musicien comme « une sorte d'album de gangster ». Une sorte de, parce que lui ne s'est jamais considéré comme tel même s'il connaît ce milieu – trois membres de sa famille ont été tués dans des crimes. « Quel intérêt aurais-je à me faire passer pour un gangster[150] ? s'interroge-t-il chez *Parlhot*. Si je m'en faisais l'étendard, ça pourrait finir par vraiment arriver dans ma vie et ce ne serait pas drôle. Je me contente donc de faire un morceau comme "Ghetto Stars", qui représente, selon moi, le gangsta rap anglais. » Sur « Bristol to London », il collabore avec son demi-frère Marlon Thaws pour livrer une réflexion sur la vie de caïd. « La vie de Marlon a été très différente de la mienne, admet-il dans le *Guardian*. Il a toujours été dans la rue, toujours en prison. Je m'occupais de lui quand il était plus jeune. Lorsque je suis parti, il s'est mis à vendre de la drogue, mais même en ayant des ennuis, il continuait à écrire des paroles[151]. » Dénicheur de talents, Tricky affectionne les rencontres du hasard. Il découvre ainsi sa nouvelle muse vocale, l'Italo-Irlandaise Francesca Belmonte, grâce à une petite annonce. Celle qui est alors vendeuse de vêtements à Londres le rejoint et coécrit deux des textes de l'album. Tricky s'entoure également de la Jamaïcaine Terry Lynn (qui l'accompagne en tournée), dont il sample le morceau « Kingstonlogic », pastiche du « Technologic » de Daft Punk. Seule voix connue : celle de Bobby Gillespie, leader de Primal Scream[152], sur « Really Real », une chanson dans

150 *Ibid.*

151 Tim Adams, « I can still be really dark in my mind », *The Guardian*, 2010.

152 Groupe de rock écossais qui a sorti, en 1991, *Screamadelica*, un album qui marie les guitares stridentes aux beats et aux samples de la *dance music*. L'album comporte le hit « Loaded », et remporta le Mercury Prize.

laquelle Tricky épingle la notoriété et où l'amour apparaît comme une chimère :

« I don't feel even love
Cause I'm loved without love
I don't feel love really real
(I don't feel anything)[153]. »

TRICKY, L'ANTISTAR

Dans sa vie comme dans sa musique, Tricky parle avec l'acuité d'un homme qui abhorre la célébrité, un statut qu'il a toujours fui. Antistar, sa passion pour la musique n'a d'égale que son inventivité. « Je ne fais pas de la musique pour être célèbre, j'en fais pour m'exprimer. Je suis comme un scientifique qui cherche le remède à son propre mal en espérant que ses travaux seront valables pour d'autres. C'est ce qui me motive. La célébrité est une partie du prix à payer lorsqu'on fait ça[154] », souligne-t-il dans *Gonzaï*. Une partie du prix à payer qui se solde, néanmoins, par d'âpres conséquences. Avec le succès, les regards changent. Certes, dans sa jeunesse, il entend déjà des remarques liées à sa couleur de peau, mais à l'époque, il considère ces mots comme faisant partie du langage de la rue. Il réalise être victime de discrimination lorsqu'il voyage, pour

153 « Je ne sens même pas l'amour / Parce que je suis aimé sans amour / Je ne sens pas l'amour vraiment réel / (Je ne ressens rien). »

154 Sylvain Fesson, « Tricky, bâtard sensible », *Gonzaï*, 2010.

la première fois, en *business class*. La scène se déroule dans un avion de la British Airways. Au moment où il s'assoit sur le siège qui lui est attribué, une hôtesse se précipite vers lui pour lui indiquer le chemin de la classe économique. Il brandit alors son billet d'avion. Confuse, la compagnie lui présente des excuses et, pour se faire pardonner, lui offre du champagne. Le musicien prend alors conscience du racisme systémique dont sont victimes les personnes noires. Une discrimination qu'il occultait auparavant, mais à laquelle il est encore confronté aujourd'hui. En juin 2020, quatre mois après la mort de George Floyd[155], Tricky se balade dans un magasin et sent qu'il est suivi par un agent de sécurité. Il se retourne alors et lui demande ce qu'il cherche. Un épisode qu'il relate et commente dans *Spin* : « J'ai compris le racisme à travers le regard des Blancs[156]. » C'est aussi cela que raconte *Mixed Race* : le fait que, petit, Tricky côtoyait toutes les couleurs de la peau « et qu'il n'avait jamais remarqué » la haine qu'inspirait la sienne. Sur cet album, l'ex-gamin de Knowle West se concentre sur le son et le saisit jusqu'à des dimensions encore inexplorées pour lui, à l'image du morceau « Hakim », un raï interprété par le guitariste de Rachid Taha, Hakim Hamadouche. À sa réception, les critiques sont mitigées. *Libération* affirme que

155 Le 25 mai 2020, un commerçant de Minneapolis, aux États-Unis, avait appelé la police pour accuser George Floyd, un Afro-Américain de 46 ans, d'avoir écoulé un faux billet de 20 dollars dans son magasin. L'homme est mort étouffé en criant « I can't breathe » sous le genou du policier Derek Chauvin lors de son interpellation.

156 Candace McDuffie, « Tricky Talks Grief, Racism, Cathartic New Lp *Fall To Pieces* », *Spin*, 2020.

« *Mixed Race* boucle cette décennie sans boussole, zigzaguant à l'aveugle du blues au dancehall, chaque expérimentation tombant à plat », tandis que *The Guardian* modère : « *Mixed Race* ne se tient pas toujours ensemble, mais c'est le travail de quelqu'un avec un appétit créatif renouvelé. » Dans une interview pour *Spin* en 2013, Tricky porte un nouveau regard sur l'album : « J'essayais de prouver quelque chose aux autres, j'essayais de faire quelque chose qui plaise aux autres et à moi en même temps, ce qui ne pouvait pas marcher… » Avec Domino Records, sa maison de disques, rien ne va plus. Après les premiers désaccords lors de l'enregistrement de *Knowle West Boy*, dus à la brouille avec Bernard Butler, il bataille désormais pour ne pas collaborer avec le producteur de la Britannique M.I.A., auteure du succès planétaire « Paper Planes ». Quand Laurence Bell, le patron du label, lui propose une rencontre, Tricky lui demande pourquoi faire cette collaboration, alors qu'il pourrait se débrouiller seul. Réponse : « Parce qu'elle est vachement à la mode en ce moment. » L'anecdote, rapportée dans *Brain Magazine*, agace profondément l'auteur de *Mixed Race* qui, en outre, doit attendre l'accord de la maison de disques pour envoyer son album au *mastering*[157], l'étape finale de la production. Pour lui qui s'est taillé un chemin en solitaire en préparant ses disques seul et rapidement – quatre à cinq semaines –, le moment est difficile à vivre. Par ailleurs, il considère que, même s'ils ont su plaire, ses deux derniers

157 Le but du *mastering* est d'harmoniser l'ensemble des éléments sonores du mix stéréo et d'en optimiser la lecture sur tous les systèmes et supports.

albums étaient mauvais, sans originalité. Déterminé à reprendre la main sur sa liberté et sa créativité, Tricky réagit : il rompt le contrat avec son label pour monter le sien.

CHAPITRE 5

L'INDÉPENDANCE

LE LABEL FALSE IDOLS

En 2012, le label allemand !K7 Music est approché par le manager de Tricky afin de sortir le prochain album de ce dernier, deux ans après *Mixed Race*. Lorsque le fondateur du label, Horst Weidenmüller, rencontre le musicien, il s'aperçoit que l'artiste ne touche plus d'argent sur ses anciens disques. La faute aux dettes accumulées durant les années où il menait grand train : quand le fisc l'a rattrapé, il a cédé ses parts d'édition pour une somme attractive mais forte de conséquences, puisque désormais il ne possède plus les droits de ses anciennes œuvres. Horst Weidenmüller lui propose un marché : devenir indépendant en lançant sa structure personnelle. L'accord lui permet de détenir tous les droits même s'il quitte !K7, tandis que l'entreprise s'occupe de la gestion et des sorties d'albums. À l'heure où l'industrie musicale vit une recomposition majeure, le système traditionnel de l'artiste signant sur un label qui prend en charge production, distribution et promotion évolue. Avec l'avènement du marché numérique, de plus en plus de musiciens se muent en entrepreneurs pour gérer leurs affaires sans intermédiaire. Tricky avait déjà tenté l'expérience avec Durban Poison et Brown Punk, mais ces derniers étaient réservés aux musiciens qu'il souhaitait promouvoir ; il n'a jamais sorti de disques à son nom sur l'un de ces deux labels. « Aujourd'hui, je suis enfin libre, déclare-t-il dans *Brain Magazine* au moment de la signature avec !K7. Si j'appelle mes partenaires de !K7 pour leur dire que je suis prêt, ils me trouvent un type pour assurer le mixage, et on fait ça ensemble. Ce ne sont pas eux qui viennent me tanner toute la journée pour vérifier que l'album est bien terminé. C'est moi qui choisis. » Tricky se découvre chef d'entreprise, voyage désormais en classe éco afin de garder l'argent pour investir dans son label et tourner des clips. Il appelle son label False Idols, « fausses idoles », un nom qui fait écho à son aversion pour la célébrité. C'est également ainsi qu'il baptise son nouvel album, sorti en 2013 et première référence de son label. Ce disque, qui renoue avec l'atmosphère anxiogène des débuts, convoque les voix de Francesca Belmonte, la Germano-Nigériane Nneka, la Hongkongaise Fifi Rong et Peter Silberman du groupe new-yorkais The Antlers. Avec *False Idols*, Tricky étrille l'emprise de la religion sur les individus, un pouvoir qu'il décrit, dans *Brain Magazine*, comme « une instance de contrôle, un moyen d'avoir la mainmise sur les gens[158] ». Il se réapproprie « Gloria », le morceau de Patti Smith écrit par Van Morrison, sur « Somebody's Sins » (« Jesus died for somebody's sins but not mine[159] »), et sample « My Funny Valentine » sur « Valentine », un clin d'œil à Björk, son ex petite-amie, qui écoutait constamment ce titre de Richard Rodgers et Lorenz Hart repris par le trompettiste Chet Baker.

158 Hillel Schlegel, « Tricky, le crépuscule des Idoles », *Brain Magazine*, 2013.

159 « Jésus est mort pour les péchés de quelqu'un, mais pas les miens. »

La version française de l'album contient « Stay In The Light », un duo avec le rappeur d'Aulnay-sous-Bois Sefyu que Tricky a découvert en lisant une interview de Method Man du Wu-Tang Clan. Dans *Télérama*, il explique pour quelle raison le rappeur le touche autant : « Il me fait penser à ces boxeurs cubains dont on a toujours l'impression qu'ils dansent sur le ring. La voix de Sefyu swingue et tape à la fois[160]. » À sa sortie, *False Idols* est acclamé par *The Guardian* et qualifié de « surprise » par le site musical *Pitchfork*. Après la réalisation de *Sophie Sees*, un court-métrage à l'intrigue énigmatique – une fille, qui pense être réalisatrice, tourne des vidéos *trash* dans sa tête –, Tricky quitte Paris et s'installe brièvement à Londres.

ADRIAN THAWS

En 2014, Tricky sort *Adrian Thaws*, un album enregistré dans son appartement, où il se sent plus libre et peut travailler sans contrainte horaire. Sur la pochette, l'homme apparaît le visage entouré de flammes : « Une façon de dire que vous ne me connaissez pas vraiment », dira-t-il dans un communiqué de presse. Le choix du titre, son nom véritable et donc celui de son père, renvoie immédiatement à son premier album solo, qui portait, lui, le nom de sa mère, *Maxinquaye*. Pourtant, le musicien le considère comme son disque « le moins introspectif ».

160 Erwan Perron, « Tricky : "Grâce à Billie Holiday, j'ai pu communiquer avec ma mère morte" », *Télérama*, 2016.

Son ambition affichée est d'être joué, et dansé, en club : « J'ai rarement entendu ma musique en club alors que j'y ai grandi dès mes 14 ans : les *blues parties*, les clubs de hip-hop et quelques raves. Je ne suis pas connu pour faire de la musique de club mais cet album contient quelques tracks qui le sont – enfin, ce que j'entends par musique de club… » Sous le répit apparent, les mélodies cachent bien des tempêtes, car la musique de club version Tricky reste obscure et crasse, à l'instar de « My Palestine Girl », chanté avec le Londonien Blue Daisy. Inspiré par une petite amie palestinienne, le titre parle du fait de tomber amoureux d'une personne qui vit dans un endroit bardé d'obstacles et de murs érigés par la politique :

« I take a trip to Gaza
It's love I'm really after
She tells me happy be
We walk happily
Haven't seen her lately
I worry 'bout her safety
I take a trip to Gaza
It's really love I'm after
She's trapped in Babylon[161]. »

161 « Je fais un voyage à Gaza / C'est l'amour que je recherche / Elle me dit d'être heureux / Nous marchons heureux / Je ne l'ai pas vue dernièrement / Je m'inquiète pour sa sécurité / Je fais un voyage à Gaza / C'est vraiment l'amour que je recherche / Elle est piégée à Babylone. »

En interview, Tricky aborde ouvertement le conflit israélo-palestinien, comme dans *We Culte!* : « J'ai joué dans des clubs israéliens, mais je suis contre ce gouvernement qui fait souffrir des populations. Le fait que les Américains soutiennent Israël est une manière de contrôler cette région et d'imposer l'impérialisme. Les Palestiniens sont en prison dans leur pays et subissent un régime dictatorial qui vient de l'extérieur. Cela me choque qu'il y ait des peuples qui soient opprimés au nom du profit. » La politique, Tricky n'y croit pas. Il n'a jamais voté de sa vie et qualifie, dans *Trax*, ce milieu de « syndicat du crime », avant d'ajouter : « Les politiciens ne sont pas ici pour changer les choses. Pour moi, ce sont tous des gangsters. » Passé maître dans l'art de la reprise, Tricky propose une nouvelle version de « Gangster Chronicle » de London Posse, le groupe de rap qui a, selon *The Daily Telegraph*, donné « au rap britannique une identité qui lui est propre ». Interprété en duo avec la Britannique Bella Gotti, le titre reprend un sample de « Planetary Citizen » de Mahavishnu Orchestra et John McLaughlin[162], déjà entendu dans « Unfinished Sympathy » de Massive Attack. Autre reprise, celle du classique de Janet Kay, « Silly Games », que Tricky interprète avec l'Anglaise Tirzah, une chanteuse qu'il a découverte grâce à sa fille Mina Mazy, désormais âgée de 19 ans. Dans *Vice*, le producteur l'admet : « Ma gosse me connaît mieux que moi-même. Elle a une bonne oreille, c'est ma fille, je peux lui faire confiance. Si je rencontre un autre

162 Le groupe fut l'un des précurseurs de la fusion du jazz et du rock progressif. Son fondateur, John McLaughlin, est un guitariste anglais, ancien musicien de studio pour David Bowie et les Rolling Stones.

musicien qui me dit “tu devrais bosser avec untel”, franchement je n'en ai rien à foutre. Mais venant d'elle, ça a plus de poids[163]. » Sur l'album, sa fille interprète « When You Go » sous le pseudo Silver Tongue. Tricky convie également d'autres voix, celles familières de Francesca Belmonte et Nneka, et celles nouvelles de la chanteuse danoise Oh Land et de l'icône queer Mykki Blanco. Avec *Adrian Thaws*, le musicien développe un univers singulier, cosmopolite, et démontre qu'il parvient toujours à innover. Dans un billet qu'elle lui consacre sur le site *Talkhouse*, Jarboe du groupe Swans[164] le décrit comme « un maître novateur de l'architecture poétique ».

UN ARTISTE VAGABOND

En 2015, Tricky s'installe à Berlin. Une ville à l'esprit punk, pas totalement gentrifiée. Le musicien a désormais 47 ans. Il sort moins, cuisine plus, se balade à vélo. Régulièrement, il se rend à la salle de boxe, un sport qu'il pratique depuis plusieurs années. C'est dans la ville allemande qu'il prépare son nouvel album : *Skilled Mechanics* (2016), qu'on peut traduire par « mécaniciens qualifiés ». Utilisé par la CIA, le terme désigne, en réalité, des tueurs à gages envoyés par les États-Unis pour mener

163 Yérim Sar, « Rassurez-vous, Tricky est toujours capable de s'énerver », *Vice*, 2014.

164 Fondé en 1982 par Michael Gira, Swans est, au côté de Sonic Youth, l'un des groupes phares de la no wave new yorkaise. La chanteuse Jarboe rejoint le projet en 1986.

des révolutions et renverser des États : « J'aime le cynisme de cette expression pour désigner des assassins, qui n'a presque plus rien à voir avec la vie humaine[165] », commente-t-il dans *Libération*. Porté par le single « I'm Not Going » en duo avec Oh Land, l'album est réalisé avec DJ Milo, membre fondateur du Wild Bunch. S'il explore des thèmes connus, comme les abîmes de son enfance dans l'autobiographique « Boy », il pousse plus loin l'assaut frontal contre la caricature du rappeur-gangster-tueur avec « How's Your Life » :

« How's it last?
Played out rappers
Talking guns and cash
I love you though[166]. »

« Le problème du hip-hop, lâche-t-il dans *Libération*, c'est qu'il est récupéré pour maintenir au plus bas les populations ethniques. Si les jeunes Noirs et Latinos sont dépeints comme des hommes armés dans des clips et des magazines, ça va déteindre sur les plus jeunes, c'est de la propagande. Ça arrange bien les élites, le FBI et la CIA que cette population se trahisse dans ces vidéos. Le hip-hop est le nouvel esclavage, et les prisons les plantations des temps modernes[167]. » *Skilled*

165 Charline Lecarpentier, « Tricky : "Maintenant, il est temps de raconter mon histoire" », *Libération*, 2016.

166 « Comment ça dure ? / Joué aux rappeurs / Parler d'armes et d'argent / Mais je t'aime malgré tout. »

167 *Ibid.*

Mechanics comprend par ailleurs « Diving Away », une reprise du « Porpoise Head » des rockeurs américains Porno for Pyros, formation de Perry Farrell, ancien leader de Jane's Addiction. Tricky y donne la réplique à Luke Harris, son batteur, dont il a découvert la voix gracile par hasard. Ce dernier chante aussi sur la version piano-voix de « Bother », un brûlot politique écrit par Corey Taylor, chanteur masqué de Slipknot : « J'aimerais être trop mort pour m'en soucier / Si je ne m'en suis jamais soucié / Je n'ai jamais eu de voix pour protester / Alors vous m'avez nourri de merde à digérer. » Au moment de partir en tournée, les comptes de Tricky ne sont pas encore au beau fixe. L'heure est aux économies. Il s'en va sur les routes avec seulement son batteur et son guitariste, sans chanteuse. L'artiste doit redoubler d'efforts pour assurer le spectacle, car les voix féminines lui permettent, dit-il, de dissimuler les défauts de sa voix de rocaille. En 2008, l'artiste explique dans *L'Album de la semaine*, sur Canal+ : « J'ai beaucoup de mal à chanter. J'entends une mélodie, j'ai les paroles, mais je sais que ma voix ne pourra pas faire ce que je voudrais. Parfois, j'ai aussi l'impression que j'écris du point de vue féminin. Certaines de mes paroles auraient pu être écrites par une femme et je pense que c'est une femme qui devrait les chanter. »

Ce n'est qu'en 2017 qu'une chanteuse accompagne à nouveau Tricky sur scène. Cette année-là, les comptes se stabilisent. Après avoir enchaîné les albums et les tournées à un train d'enfer, le musicien peut enfin créer plus librement : « Ces dernières années, tout ce que j'avais fait allait au fisc. Je ne suis pas là pour l'argent, mais c'est bizarre de créer quelque chose et de le donner immédiatement. Je devais payer une redevance mensuelle au fisc. Il y avait beaucoup de pression », reconnaît-il dans le magazine *Northern Transmissions*. Les dettes réglées, il compose une chanson pour la bande originale de *Ghost in the Shell* de Rupert Sanders (2017), puis sort *Ununiform*, son treizième album, réalisé à Berlin mais dont quatre titres ont été enregistrés lors d'un bref séjour à Moscou en décembre 2016, d'où la présence de producteurs locaux, comme le Russe Smoky Mo sur « Bang Boogie » ou Skryptonite sur « Blood of my Blood ». « J'écoute du rap russe depuis vingt ans, assure-t-il dans le communiqué de presse. [...] J'aime leur accent, je n'ai pas besoin de comprendre ce qu'ils disent. Là-bas les gens vivent chaque jour comme si c'était leur dernier. » On entend comme autres invitées sur l'album l'Anglaise Mina Rose, l'actrice italienne Asia Argento et sa première muse, Martina Topley-Bird, avec qui il interprète « When We Die », une chanson dont il chérit l'atmosphère obscure. Lui est affable, souriant, ouvert. Sa chanson préférée de l'album est « Same As It Ever Was ». « L'enregistrement, dit-il, avait des airs de fête : j'aime danser. Tout le monde perçoit ma musique comme étant sombre, mais ce n'est pas vraiment moi. Avec mon meilleur ami, on sort, on danse sur du reggae. La danse c'est une grande partie de notre éducation. Les gens ne perçoivent pas ça de moi. » Sur la tournée qui suit la sortie de l'album, il rencontre Marta Złakowska, sa nouvelle chanteuse. Le hasard, encore : la chanteuse de l'époque le lâche la veille d'un concert en Pologne. Le musicien demande alors au promoteur s'il en connaît une autre pour assurer le spectacle. Ce dernier lui présente Marta. Le courant passe. La jeune femme quitte son petit ami, sa famille et son travail pour partir sur les routes. Depuis, elle a signé sur le label de Tricky.

TOMBER EN MORCEAUX

Le 8 mai 2019, un événement tragique bouleverse la vie de Tricky. Sa fille Mina Mazy se suicide à l'âge de 24 ans. Le musicien publie un communiqué sur sa page Facebook : « Je pensais savoir ce que signifiait la perte d'un proche, mais ma fille s'en est allée et je me rends compte que je n'en savais rien. » Accablé par le chagrin, il a alors l'impression d'évoluer « dans un monde qui n'existe pas, en sachant que rien ne sera plus pareil » et écrit : « Ma fille avait deux noms – certains l'appelaient Mazy, d'autres l'appelaient Mina. Elle avait un talent incroyable pour le chant et l'écriture de chansons. Tes paroles et tes chansons survivront. » Depuis *Maxinquaye*, Tricky s'est fait maintes fois le narrateur d'abîmes intérieurs et d'impossibles rédemptions, servi par une puissance musicale pétrie de références, de subtilité narrative et de finesse mélodique. Son quatorzième album, *Fall to Pieces* (« Tomber en morceaux »), occupe une place à part dans sa discographie. Le trauma de la perte de sa fille, présent en filigrane tout au long du disque, prend la forme d'une longue quête apaisée et méditative, superbement élégiaque, nimbée par les voix de Marta Złakowska et Oh Land. Le fantôme de Mina plane sur ce disque et c'est vers lui, sans doute, que Tricky susurre un déchirant « What a fucking game, I Hate this fucking pain » (« Quelle putain de vie, je déteste cette putain de peine »), tandis qu'un piano borde de contours délicats la voix du musicien. Avec *Fall to Pieces*, le producteur fait passer un nouveau cap à ses créations en plongeant encore plus profondément dans les tréfonds de son art. Tricky compose un album hanté par ce drame où la catharsis ne pouvait trouver de meilleure forme que cette œuvre au long cours. Des chansons comme « Take Me Shopping » ou « I'm In The Doorway » possèdent la douceur de ballades qui embrassent moins l'évanescence qu'elles ne sondent les plaies d'une existence mise à nu.

Quelques mois seulement après la sortie de *Fall to Pieces*, Tricky annonce la sortie de *20,20*, un EP mené par « Lonely Dancer », un titre downtempo chanté avec la Germano-Britannique Anika, dont les deux premiers albums étaient produits par Geoff Barrow de Portishead. Privé de tournée pendant un an à cause de la pandémie du Covid-19, Tricky s'est de plus lancé dans le projet collaboratif *Lonely Guest* : un court-métrage sans dialogue qu'il a réalisé et un album qui réunit plusieurs artistes, dont le regretté sorcier du dub Lee « Scratch » Perry, Joe Talbot du groupe de Bristol Idles ou encore Paul Smith de la formation Maxïmo Park.

Peu d'artistes auront autant subverti l'hybris de la rockstar que Tricky. L'homme n'aura cessé de jouer avec les attentes de son public et de déjouer les espoirs de solennité. Unanimement révéré, il est parvenu à se frayer un chemin après l'éclat Massive Attack, rechignant à être affilié à la vague trip-hop qu'il a contribué à soulever. Lui a préféré avancer sur le bas-côté, sans avoir de comptes à rendre à personne ni à aucune forme d'art, si ce n'est la sienne. En 1998, il rêvait de partir, quand il aurait atteint l'âge de 50 ans, dans un vieux bus déglingué pour chanter du blues sur scène. L'heure a sonné. Mais le musicien semble toujours à la recherche de nouvelles terres à explorer.

ÉPILOGUE

JUST LIKE TRICKY

2019. Brook Road, Bristol. Au cœur du quartier escarpé de Montpelier, des dizaines de souvenirs hantent les murs du pub Star and Garter : les platines du Wild Bunch, des photos du Bamboo Club, un portrait de Tricky, un autre de Smith & Mighty. Sous l'aura de ses illustres modèles, Roni Size[168] inaugure la réouverture du lieu, fermé depuis la mort de son propriétaire. Petit, il venait se cacher sous le bar pendant que sa tante servait du rhum en écoutant les brèves de comptoir. C'était l'époque des vies électriques et des soirs sans sommeil. Des nuits bercées de soul et de reggae durant lesquelles Roni regardait les hommes fumer jusqu'au matin, les yeux brillants et les cerveaux brumeux. À l'adolescence, il s'est mis à fréquenter les *house parties* du Wild Bunch. Fasciné par l'audace de ces *lads* qui n'hésitaient pas à marier le funk de George Clinton au punk des Clash, il a appris à mixer au sein des maisons des jeunes. Sa vie prend un nouveau tournant en 1991. Cette année-là, Roni Size, âgé d'une vingtaine d'années, se rend au festival de Glastonbury, situé à une trentaine de kilomètres de Bristol. Il y rencontre Krust. À l'époque, le DJ connaît un

168 Roni Size est l'un des pionniers de la scène drum'n'bass. Musicien né à Bristol, il assistait, adolescent, aux soirées du Wild Bunch. Membre du collectif Reprazent avec Krust, Suv et DJ Die, il a collaboré avec Method Man du Wu-Tang Clan ou encore Zack de la Rocha du groupe Rage Against the Machine.

petit succès avec le groupe Fresh Four et le titre « Wishing on a Star ». Tous deux forment le collectif Reprazent et remportent, en 1997, le prestigieux Mercury Music Prize, pour *New Forms*, au nez de Prodigy et des Spice Girls. L'album regorge de bribes soul, funk, rap et drum'n'bass. Vu de France, le genre, mélange de rythme cassé jamaïcain et de nappes électroniques, reste une curiosité étrange, mais au sein de la cité portuaire, il n'a plus ses preuves à faire.

À l'instar de Roni Size, les douze membres du collectif Young Echo, créé en 2013, inscrivent leur empreinte dans l'héritage du Wild Bunch. Ensemble, ils fusionnent techno, dubstep, dancehall, quand d'autres, comme IDLES, ressuscitent l'esprit du Pop Group avec une musique punk, radicale, remontée à bloc. Le groupe s'impose comme la voix d'une jeunesse en pleine tourmente post-Brexit. Leur colère trouve un écho dans le grime, ce cousin du rap né au début des années 2000 et qui domine aujourd'hui les rues de Bristol. L'un de ses cadors se nomme Jay 0117. En 2018, il sortait « Bristol City », un titre aux détails inventifs, comme un air de retour aux sources :

« Don't ask where I'm from
I'm from Bristol City
Man are from Bris like Aggi is, Bris like Roni is
Bristol just like Tricky[169]. »

169 « Ne demande pas d'où je viens / Je suis de Bristol City / De Bris comme Aggi [référence aux membres du Aggi Crew, un gang qui a dominé le marché de la drogue de la ville pendant la majeure partie des années 1990], Bris comme Roni / Bristol comme Tricky. »

DISCOGRAPHIE

BLUE LINES
PAR Massive Attack • 1991
⊙ Wild Bunch & Circa Records

PROTECTION
PAR Massive Attack • 1994
⊙ Wild Bunch & Circa Records

MAXINQUAYE
PAR Tricky • 1995
⊙ Island Records

NEARLY GOD
PAR Nearly God • 1996
⊙ Island Records

TRICKY PRESENTS GRASSROOTS
PAR Tricky • 1996
⊙ FFRR Records

PRE-MILLENNIUM TENSION
PAR Tricky • 1996
⊙ Island Records

ANGELS WITH DIRTY FACES
PAR Tricky • 1998
Island Records

JUXTAPOSE
PAR Tricky (avec DJ Muggs & Grease) • 1999
⊙ Island Records

BLOWBACK
PAR Tricky • 2001
⊙ Hollywood Records

A RUFF GUIDE (COMPILATION)
PAR Tricky • 2003
⊙ Island Records

VULNERABLE
PAR Tricky • 2003
⊙ Epitaph

TRICKY PRESENTS BROWNPUNK
PAR Tricky • 2008
⊙ Brown Punk

KNOWLE WEST BOY
PAR Tricky • 2008
⊙ Domino Records

MIXED RACE
PAR Tricky • 2010
⊙ Domino Records

FALSE IDOLS
PAR Tricky • 2013
⊙ False Idols

ADRIAN THAWS
PAR Tricky • 2014
⊙ False Idols

SKILLED MECHANICS
PAR Tricky • 2016
⊙ False Idols

UNUNIFORM
PAR Tricky • 2017
⊙ False Idols

FALL TO PIECES
PAR Tricky • 2020
⊙ False Idols

LONELY GUEST
PAR Lonely Guest • 2021
⊙ False Idols

BIBLIOGRAPHIE

OUVRAGES

TRICKY *Hell Is Round the Corner* • Blink Publishing, 2019.

DICK HEBDIGE *Sous-culture, le sens du style*, Marc Saint-Upéry (trad.) • Zones, 1979.

DICK HEBDIGE *Cut'N'Mix* • Routledge, 1987.

MELISSA CHEMAM *En dehors de la zone de confort, de Massive Attack à Banksy* • Anne Carrière, 2016.

HORACE PANTER *The Specials, Rudie pour la vie* • Camion Blanc, 2010.

DJ MILO *The Wild Bunch: Story of A Sound System* (Livret du disque) • 2002.

RICHARD JONES *Bristol Music: Seven Decades of Sound* • Tangent Books, 2018.

CHRIS BURTON & GARY THOMPSON *Art and Sound of the Bristol Underground* • Tangent Books, 2009.

SIMON REYNOLDS *Energy Flash: A Journey Through Rave Music and Dance Culture* • Faber & Faber, 1998.

R.J. WHEATON *33 1/3: Portishead – Dummy* • Bloomsbury, 2014.

DOCUMENTAIRES / ÉMISSIONS DE TÉLÉVISION

MARK KIDEL *Naked and Famous: Tricky* • 1997.

PAUL MCGANN *Unfinished: The Making of Massive Attack* • BBC, 2016.

L'Album de la semaine • Canal+, 2008.

WAYNE YATES *The Bristol Sound* • 2009.

« The Pop Group » • *Tracks*, Arte, 2014.

SITES WEB

Site non officiel de Tricky : moon-palace.de

Site non officiel de Massive Attack : red-lines.co.uk

Archives de Bristol : www.bristolarchiverecords.com

REMERCIEMENTS

Ce livre représente l'aboutissement d'une quête, un parcours de presque quatre ans de recherches et d'aventures et qui se serait avéré bien plus difficile si je n'avais pas bénéficié de l'aide de nombreux guides, parmi lesquels Tricky, son père Roy et sa fille Stacey, Peter D. Rose, Dana Berghes, Michelle Porter, Marine Batal, Arielle Dombasle, Pierre Siankowski, Christophe Carron, Mattieu Moreau-Domecq, Thibaut Chozard, Mike Theis et Arthur Peschaud.

Merci également à Elise Lépine, Benjamin Fogel et Erwan Desbois pour leur confiance et leurs conseils.

Enfin, merci à Nicolas Ker.

Prolongez la lecture de ce livre en accédant au contenu additionnel prévu par l'autrice et disponible à cette adresse :
www.playlistsociety.fr/tricky

Achevé d'imprimer en mars 2023 par Corlet Imprimeur,
14110 Condé-en-Normandie, France. Dépôt légal : mars 2023.
N° d'imprimeur : 23020600